통상관련 용어집

산업통상자원부

2015년 4월 15일 1판 1쇄 인쇄
2015년 4월 15일 1판 1쇄 발행

지 은 이 산업통상자원부
발 행 인 이헌숙
표   지 김학용
발 행 처 생각심표 & 주)휴먼컬처아리랑
         서울특별시 영등포구 여의도동 45-13 코오롱포레스텔 309
전   화 070) 8866 - 2220 FAX • 02) 784-4111
등록번호 제 2009 - 000008호
등록일자 2009년 12월 29일

www.휴먼컬처아리랑.kr
ISBN 979-11-5565-421-7

Ministry of
Trade, Industry and Energy

통상관련 용어집

1. 용어 설명 ·· 1

2. WTO 개요 ·· 121

3. FTA 개요 ··· 129

■ 찾아보기
 ・국문 ·· 135
 ・영문 ·· 144

가격인상 약속　price undertaking
덤핑 조사대상 물품을 수출하는 기업이 반덤핑 관세 부과 대상이 되지 않기 위해 자발적으로 해당물품의 수출가격을 인상하겠다고 약속하는 것을 의미함. 조사 당국이 덤핑으로 인해 피해가 제거되었다고 확신할 수 있도록 수출자가 가격을 조정하거나 문제된 지역으로의 덤핑수출을 중지하겠다는 자발적인 약속을 제시할 경우, 반덤핑 관세의 부과 없이 덤핑조사가 정지되거나 종결될 수 있음.

가공공정기준　Processing Operation Criterion
주요한 제조방법을 제시하고 당해 공정이 이루어진 국가를 원산지로 인정하는 기준으로써 의류·봉제공정 등에 주로 적용

가변부과금　variable levy
EU가 농업분야에서 수출국내에서의 제품가격 변동에 관계없이 국내시장 가격을 유지하기 위해 활용하는 복잡한 수입부과금 체제

가입의정서　Protocol of Accession
한 국가가 WTO에 가입할 때 그 국가의 권리와 의무를 설정하는 법적 문서를 가리킴. 구체적인 상품 및 서비스에 대한 양허계획이 포함되어 있음. 가입 작업반 보고서(Working Party Report)는 신청국의 무역정책·제도, 관세·비관세장벽 등에 대한 전반적 협상내용을 담은 개괄적 현황보고서를 말하며 가입의정서와는 다름

가입작업반　Working Party on Accession
비회원국이 WTO 회원국이 되기 위한 실무적 절차를 담당하는 작업반

각료이사회　Council of Ministers
EU 각 회원국을 대표하여 EU의 모든 사안을 심의, 확정하는 EU 최고의결기구로서 회원국 각료 각 1명씩으로 구성되며, 외상들이 참석하는 일반 각료이사회와 관련 각료들이 참석하는 특별 각료 이사회로 구분됨. 의장은 알파벳순으로 6개월마다 바뀌며, 각료이사회는 위원회의 제안에 의거하여 규칙, 지침, 결정을 제정하는 입법권과 예산 심사 확정권, 협정체결권 등을 가짐. 의결은 의안별로 만장일치 또는 가중 다수결로 결정함.

간이정액관세환급 Simplified Fixed Duty Drawback
중소기업에 대한 관세환급절차를 간소화하기 위해 수출신고시 간이정액환급률표에 나와있는 품목에 대하여 매건별 관세 등의 납부액을 확인하지 않고 일정액을 환급하여 주는 제도

간접수용 indirect expropriation
수용(expropriation)이란 정부가 외국인 투자자의 재산권을 박탈, 국유화하는 것으로 전통국제법상 공공목적을 위해 비차별적인 방식으로 보상을 지불하는 경우에 국가의 권리로 허용되어 왔음. 이에 비해 간접수용(indirect expropriation)이란 직접수용과 같이 재산권을 물리적으로 박탈, 몰수하지 않고도 직접수용과 동등한(equivalent) 정도로 재산권을 침해하는 것을 의미(예: 정부 조치로 인해 사실상 영업을 할 수 없게 되어 투자 가치의 전부 또는 사실상 전부 박탈되는 경우)하며, 전세계 대부분의 투자협정에 포함되어 있음.
한·미 FTA의 경우, 간접수용의 정의와 판단법리 및 정당한 공공보직정책은 공공정책의 예외로 규정하는 간접수용 부속서를 포함하고 있음.

간접재
물품의 생산, 시험 또는 검사에 사용되지만 그 물품에 물리적으로 통합되지 않는 재료를 의미하며, 물품생산과 관련된 건물의 유지, 설비의 작동에 사용되는 재료를 포함함.

감축대상 보조금 amber box
WTO 농업협정상의 국내보조중 한 분류로 무역 및 생산왜곡 효과가 있기 때문에 이행기간내에 일정 목표수준으로 감축하도록 되어 있는 보조금 (선진국은 6년간 20%, 개도국은 10년간 13.3% 감축)

강제실시 compulsory licensing
특허를 실시하여야 할 공익적인 필요가 있는 경우 특허권자의 의사에 관계없이 행정처분 또는 특허청의 심판을 거쳐 제3자로 하여금 이를 실시하게 하고 특허권자에게는 보상을 제공하는 제도. TRIPS 협정 제31조는 강제실시와 관련 충족해야 할 요건 (개별성의 원칙, 보충성의 원칙, 비배타성의 원칙, 국내실시의 원칙 등)을 규정하고 있음.

개도국 긴급수입관세 SSM(Special Safeguard Mechanism)
농업 협상에서 개도국에 한해 수입량이 일정 물량 이상 증가하거나 수입가격이 일정 가격 이하로 하락할 경우 추가관세를 부과할 수 있는 제도

개도국에 대한 특별 및 차등대우(개도국 우대) S&D(special and differential treatment)

개도국의 경제개발 및 국제협정에의 참여 확대를 위해 개도국에 부여되는 특별대우. 개도국 우대라고도 부르며, 개도국의 관세 감축의무 완화, WTO협정상 이행의무 완화, 기술지원 등으로 반영. DDA 협상에서는 개도국 우대를 별도의 협상으로 진행하고 있음.

개도국지원을 위한 통합체제 IF(Integrated Framework)

Integrated Framework for Trade-Related Technical Assistance to Least-Developed Countries의 통칭. 1997년 WTO 주관으로 개최된 HLM(High-Level Meeting on Integrated Initiatives for LDCs' Trade Development)에서 출범. LDC에 무역과 관련된 기술지원 제공 목적. ITC(International Trade Center), IMF, UNCTAD, UNDP, WTO, IBRD 등 6개 국제기구 참여

개량신약 IMD(Incrementally Modified Drug)

기존 신약의 화학구조나 제법, 제형 등을 약간 변형시킴으로써 부가가치를 높인 의약품

개방적 지역주의 Open Regionalism

세계적으로 대두되고 있는 지역주의 경향에 대응하여, 다자간 자유무역체제를 강화하기 위해 비배타적(non-exclusive), 무차별적(non-discriminatory)원칙에 입각한 지역협력을 추구하는 것을 의미. 역내 무역·투자 자유화에 따르는 모든 경제적 혜택을 무차별 원칙에 입각하여 역외국에 공여하는 것이 핵심. 1994년 저명인사그룹(EPG: Eminent Persons Group)이 제출한 보고서는 개방적 지역주의를 아래와 같이 정의. ①가능한 최대한의 일방적 시장개방 조치를 취함 ②역외국에 대한 무역장벽을 지속적으로 완화함. ③역내 자유화 조치의 혜택을 역외국에 대하여 상호주의에 입각하여 부여함. ④APEC 회원국들은 개별적으로 역내 자유화 조치의 혜택을 역외국에 대하여 조건부 또는 무조건적으로 부여할 수 있음.

거래가격 Transaction Value

수입물품에 대하여 직·간접으로 실제 지급하였거나 지급하여야 할 가격(price actually paid or payable)에 일정한 조정을 거친 가격을 말하며 수입신고시 과세표준이 됨.

건전성규제 prudential regulation

금융제도 및 금융서비스 제공자의 건전성을 보존하기 위해 정부가 부과하는 요건 및 지침. 이는 금융시비스 교역의 저해요소로 간주되지 않음.

걸프협력회의(페르시아만협력회의) GCC(Gulf Cooperation Council)
- 1981년, 페르시아만 연안의 6개국이 결성(사우디아라비아, 쿠웨이트, 아랍에메리트, 카타르, 오만, 바레인). 회원국들이 산유국, 아랍어, 이슬람교, 세습왕정체제(동일민족국가)라는 공통점이 있으며 지리적으로 인접해 있음.
- 경제 및 안전보장의 협력과 치안·국방면에서 결속을 목적으로 했지만, 사우디아라비아를 적시하는 이란의 반발이 심해져 경제부분의 협정만을 지속했음. 하지만 1991년 걸프전쟁을 계기로 정치·군사적 협력에도 무게를 두고 있음.
- 석유 등 에너지자원의 주요 수입지역으로 경제적 중요성을 갖음.(한국은 에너지 자원의 수입원을 GCC뿐만이 아니라, 다양한 국가로 다변화할 필요가 있음.)
- 오일머니를 바탕으로 글로벌 금융위기 속에서도 세계 평균보다 높은 5%이상의 성장을 이어왔지만, 지나친 원유 의존 경제는(총 수출의 75%가 원유수출) 약점으로 꼽히고 있음. 이에 GCC 국가들은 산업다각화를 위해 노력하고 있으며, 우리나라 기업들이 이 산업다각화 정책에 적극적으로 참여할 수 있도록 하는 것이 한-GCC FTA의 필요성임. 또한 안정적인 수출여건 및 에너지 자원 확보를 위해서도 FTA타결이 요구됨.
- GCC는 한국 건설기업들의 최대 시장이며, 앞으로도 지속적인 수요가 발생할 전망임.
- 한-GCC는 경제 교류 뿐만이 아니라, 사회·문화적 교류가 병행되어야 할 필요가 있음.

경사관세 tariff escalation
가공단계가 높을수록 높은 관세를 부과하는 세율 구조. 원재료 수출국이 국외가공품 수입에 대한 관세를 높이고 국내생산에 쓰이는 원료 또는 재료 수입에 대한 관세를 낮추어 국내생산업을 지원하기 위해 종종 사용함.

경성카르텔 hard core cartel
가격담합이나 경쟁업자간에 이루어지는 반경쟁적 협정과 같은 핵심적인 카르텔을 의미함.

경쟁정책 competition policy
자원 배분의 효율성을 위해 경쟁을 촉진하는 정부의 정책. 수입 자유화는 경쟁 촉진으로 이어지므로 경쟁정책은 자유무역을 확대하는 효과를 가짐.

경쟁제한관행 RBP(Restrictive Business Practices)
무역과 경쟁의 연계 및 다국적기업의 행위규제에 관한 논의의 대상이 되는 경쟁제한적 행위(관행). 국제무역에서 주로 문제되는 경쟁제한관행에는 국제카르텔협정, 국제라이센스계약, 국제독점대리점계약 및 국제프랜차이징계약이 있으며 최근 기업간의 공동연구개발협정도 그 경쟁제한 여부에 따라 규제에 포함되기도 함.

경쟁중립성 Competitive Neutrality
정부가 정부소유기업에 대하여 단지 정부소유라는 이유만으로 어떠한 경쟁상의 이익(세금차등부과 등)도 제공하여서는 안된다는 원칙

경쟁협력협정
경쟁법 집행상의 협력을 제고하기 위하여 국가간 체결하는 협력협정으로 일반적으로 경쟁법집행공조, 정보교환, 통보, 협의 등을 내용으로 함.

경정 Rectification
세관장이 납세의무자가 신고 납부한 세액 또는 납세 신고한 세액, 경정 청구한 세액을 심사한 결과 과부족이 있는 것을 안 때에 추가로 부족세액에 대하여 납세 고지하는 것 (관세법 제38조의3 제3항.)

경제적 수요심사 ENT(economic needs test)
기업이 시장에 진입하는 것이 경제적 기반에 비추어볼 때 정당한지 여부의 결정을 정부·업계·전문직 협회가 통제하는 제도. 이 제도는 보통 성격이 불투명하고 자의적인 접근방법을 가지고 있어 보호주의적 효과를 초래할 수 있음. 경제적 수요심사는 소비자의 이익보호를 목적으로 하는 경우도 있으나, 시장에서 추가적인 경쟁의 출현에 대해서는 거의 고려하지 않음. 시장접근(market access)에 관한 규칙을 규정하고 있는 GATS 제16조는 경제적 수요심사를 시장접근에 대한 제한사항의 한 예시로 제시하고 있음.

경제협력개발기구 OECD(Organization for Economic Cooperation and Development)
미국 등 주요 선진국들이 경제성장, 저개발국 원조 및 세계무역 확대 등을 추구하기 위해 1961년 9월 30일 유럽경제협력기구(OEEC)를 발전적으로 해체하고 창설한 국제기구로서 프랑스 파리에 사무국을 설치하고 있음. OECD의 주요목적은 ① 통화안정 유지 및 고도 경제성장 달성, ② 저개발국의 건전한 경제발전 지원, ③ 다각적이고 무차별적인 원칙하에 세계무역 확대에 공헌, ④ 재화 및 용역 등 경상거래의 장애요소 경감 또는 철폐, ⑤ 자본이동의 자유화 유지 및 확대, ⑥ 인플레이션, 환경, 자원 및 에너지 등에 관한 문제 해결 등임. 현재 회원국은 34개국임. (Australia, Austria, Belgium, Canada, Chile, Czech Republic, Denmark, Estonia, Finland, France, Germany, Greece, Hungary, Iceland, Ireland, Israel, Italy, Japan, Korea, Luxembourg, Mexico, Netherlands, New Zealand, Norway, Poland, Portugal, Slovak Republic, Slovenia, Spain, Sweden, Switzerland, Turkey, United Kingdom, United States)

계수 coefficients
비농산물시장접근협상 등에서 관세율을 산정하기 위해 관세율 계산공식에 대입하는 상수. 계수가 변화함에 따라 도출되는 관세율이 달라짐. 통상협상에서는 일정한 기준에 따라 기간별로 다르게 설정하는 경우가 많으므로, 이를 도출하는 기준이 되는 공식 및 공식에 적용되는 계수가 중요한 의미를 가짐.

계약 시공 및 운영 후 소유권 이전 계약 BOT(Build-Operate-Transfer)
국가계약의 한 종류로 민간업체에 공공 프로젝트를 수행하게 하고, 이후 일정기간 운영하게 함으로써 그 비용 및 일정 이익을 보전하게 한 뒤 국가에 소유권을 이전하게 하는 계약. 예를 들어 A 기업에 고속도로 건설권을 부여하고 A 기업이 10년간 운영하게 하여 건설비용을 보전토록 한 뒤 소유권을 국가로 이전하는 형태의 국가 계약

계절관세 Seasonal Duties
가격이 계절에 따라 현저하게 차이가 있는 물품으로써 동종물품·유사물품 또는 대체물품의 수입으로 국내시장이 교란되거나 생산기반이 붕괴될 우려가 있는 경우에 계절 구분에 따라 당해 물품의 국내외가격차에 상당하는 비율의 범위 안에서 기본관세보다 높거나 또는 낮게 부과하는 관세. 가령, 농산물의 수확기에는 수입관세를 부과하여 가격의 하락을 방지하고, 비수확기에는 수입관세를 면제하여 가격의 상승을 막게 됨.

고관세 high tariff
일반적으로 개도국의 높은 관세를 지칭하며 고관세 여부 판단을 위한 특별한 기준은 없으나, OECD에서는 15% 이상을 의미함.

고정 Fixation
저작권 관련용어로서, 저술, 인쇄, 사진, 녹음물, 조각, 판화, 건물, 도면적 재현 등과 같이 저작자의 창작물을 추후에 식별하여 복제할 수 있도록 내구적인 유형의 표현형식에 저작물을 담는 것을 의미함.

곡물메이저 grain major
세계곡물시장에서 매우 큰 영향력을 행사하고 있는 대형규모의 곡물무역상사를 말함. 대표적인 곡물메이저로는 Cargill, Continental, Louis Dreyfas, Bunge, Andre 등 5대 상사가 있음.

공개입찰 open tendering
모든 관심있는 공급자가 입찰서를 제출할 수 있는 기본적인 입찰방식

공개입찰 절차 open tendering procedures
모든 관심있는 공급자가 입찰을 할 수 있는 절차를 말함

공급자 자격심사 qualifications of suppliers
재정보증, 기술적 자격요건, 공급자의 재정적·상업적·기술적 능력 등 공급자의 계약 이행능력을 확보하기 위한 심사 과정

공급자 적합성 선언제도 SDoC(Supplier's Declaration of Conformity)
제품의 기술기준 적합성 여부를 시험기관에서 또는 공급자 스스로 시험한 후 공급자가 적합을 선언하고 인증마크를 부착하는 제도

공동기술지원계획 JITAP(Joint Integrated Technical Assistance Program)
WTO, ITC, UNCTAD가 공동으로 1996년 출범시킨 최빈개도국을 위한 기술협력 프로그램

공식에 의한 것보다 적은 감축 less-than-formula cut
신축성 논의시 주로 거론되는 용어로서 몇몇 품목에 대해 관세감축을 관세감축 공식에서 요구되는 것보다 작게 하는 것을 의미. 현재 DDA NAMA 협상의 July Package는 개도국의 경우 일부 품목에 대해 less than formular cut을 할 수 있도록 하고 있음.

공연권 Right of Performance
사적 집단(예 : 가족)에 속하는 특정의 사람들에 한정하지 않는 청중이나 관중을 상대로 저작물을 실연할 수 있는 권리

공장도 가격 Ex-works Price
원산지 규정에서 역내 부가가치기준 유형의 하나로서, 물품이 생산된 현지공장에서 생산자에게 지불되는 가격

공정 무역   fair trade

균등한 경쟁조건(level playing field)하에서 이루어지는 무역이라는 의미로 일반적으로 덤핑을 통한 무역, 보조금을 통한 무역은 공정 무역에 위배되는 것으로 간주됨.

공제법   Build-down Method

역내 부가가치를 계산하는 방식의 하나로 역외산 재료비가 물품가격에서 차지하는 비율을 기준으로 역내 부가가치를 계산함.

$$\text{역내 부가가치비율} = \frac{\text{물품가격} - \text{역외산 재료비}}{\text{물품가격}} \times 100(\%)$$

공중의견제출제도   PC(Public Communication)

한·미 FTA 노동 장은 일방당사국이 노동협정문을 위반한 경우, 양 당사국의 누구라도 다른 상대국의 접촉선(contact point)에 시정 요구 등의 의견을 제출하는 공중의견제출제도를 도입하였음. 접촉선은 노동부내 설치되며, 의견 제출 기회를 제공하고 접수된 의견을 검토함.

공중통신망   Public Telecommunication Network

불특정의 이용자 상호간에 통신 수단을 제공하는 통신망으로서, 예를 들어 전화망이나 디지털 데이터 교환(DDX)망 등을 말함. 반면, 특정의 단체 또는 이용자가 전용으로 통신하기 위한 통신망을 전용 통신망 (leased telecommunications lines)이라 함.

공지/공용의 국제주의

특허발명 심사시 이미 널리 알려져 있거나 (공지 : publicly known) 혹은 널리 사용되는 (공용 : publicly used) 발명의 경우 신규성을 상실했다는 근거로 특허출원이 거절됨. 공지/공용의 국제주의란 세계 어디에서든지 이미 알려져 있거나 사용되고 있는 발명이라면 신규성을 상실한 것으로 간주해야 함을 의미함.

공지예외 적용기간   Grace period, Exception to the lack of patent-ability

한국을 비롯하여 많은 국가가 특허출원 전에 발명을 공표하여, 그 후에 소정의 조건을 만족하는 출원을 하면, 당해공표에 의해서는 특허취득을 부정하지 않는 것으로 하는 제도. 유예기간 및 대상에서는 국가 간에 차이가 있으며, 한국은 출원일전 6개월을 부여하고 있고 유예대상은 학회, 박람회발표, 간행물의 공표, 특허를 받을 수 있는 권리를 가진 자의 의사에 반하는 공표 등이 해당됨.

공통이슈 cross-cutting issue
개도국 우대의 원칙 및 목적 등 특정 협정 또는 결정에 국한되지 않고 개도국 우대 문제 전반에 공통적으로 관련된 이슈

과도적 품목별 세이프가드 transitional product-specific safeguards
중국에만 예외적으로 2013년까지 한시적으로 적용되는 품목별 세이프가드조치. 중국산 제품의 수입물량 증가로 국내 동종 또는 직접경쟁상품 생산자에게 시장붕괴(market disruption)를 야기하거나 야기할 위험이 있는 경우 부과됨. 이러한 조치로 인해 제3국으로의 무역전환(trade diversion)이 발생할 경우에도 중국과의 사전협의를 전제로 세이프가드조치를 발동할 수 있도록 허용

관로 및 도관 Ducts & Conduits
지하에 매설한 전화용 케이블을 한데 모아서 수용하는 지하터널

관세감면 Duty Exemption
대외무역협정, 조세법 등에 근거하여 관세납부의무의 전부 또는 일부를 면제시키는 제도. 관세감면에는 무조건감면과 조건감면으로 구별할 수 있음. 무조건감면은 일정한 조건에 따라 완전한 감면이 이루어지며 사후 조건의 변화에 따라 감면여부가 달라지지 않는 것이며, 조건감면은 감면해제조건을 붙여서 해제조건에 해당하는 사유 발생 시 감면하였던 관세를 징수하게 됨.

관세단순화 Tariff Simplification
농업 협상에서 다양한 관세 형태를 단순 종가세 등으로 전환하는 것을 의미

관세동맹 Customs Union
역내국가간에는 관세를 철폐하고 역외국에 대해 공동관세율을 적용하는 것. 무역 대상국들에게 일관된 정책을 적용하며, 따라서 자유무역지대보다 발전된 경제협력체. 대체로 경제발전단계가 유사한 국가끼리 체결되는 것으로 볼 수 있으며 대표적인 예로 EC를 들 수 있음. 관세동맹 체결의 효과로는 동맹국내의 무역을 활발하게 하는 무역창출효과와 지역 밖의 여러나라로부터의 수입을 동맹국내의 수입으로 전환하는 무역전환효과가 있음. 특히 1834년에 발족한 독일관세동맹은 71년 독일제국 성립의 경제적 기반을 성립한 것으로 유명함. 1952년 프랑스·서독·이탈리아·네덜란드·룩셈부르크·벨기에 등 6개국에 의해 유럽석탄철강공동체(ECSC)가 설립되어 58년까지 역내 철강관세가 철폐되었고 대외관세의 조정도 완료됨. 48년 네덜란드·벨기에·룩셈부르크 3국에 의해 결성된 베네룩스 관세동맹도 예로 들 수 있음.

관세 및 무역에 관한 일반협정 GATT(General Agreement on Tariffs and Trade)

관세 등 무역장벽을 다자협상을 통해 제거하고 무역분쟁 해결절차를 마련함으로써 자유무역을 확대해나가기 위해 1947년 제네바에서 미국을 비롯한 23개국이 서명하고 1948년 1월에 발효된 조약. GATT는 당초 제2차 세계대전 후 자유무역의 확대를 위하여 UN의 특별기구로서 설립을 추진하던 국제무역기구(ITO: International Trade Organization) 헌장(Havana Charter)의 일부로 추진되었으나, ITO가 미 의회의 반대로 무산되면서 일부국가간의 협정으로 잠정 출범. 원래는 상품무역과 관련된 관세인하가 주된 관심영역이었으나, 점차 비관세장벽 등도 규율대상에 포함. GATT는 법적 기구(legal entity)로서의 성격은 없었으나, 불완전한 제도적 형태로 인하여 발생되는 문제들을 현실적인 협정을 통하여 해결함으로써 WTO 출범이전까지 사실상(de facto)의 국제기구로서의 역할도 수행. 1948.1. 발효 후 1994년까지 개정되고 보완된 GATT를 "GATT 1947"이라하며, GATT 1947과 UR 협상에서의 GATT관련결정 등을 묶어 "GATT 1994"라고 함. 1995년 WTO 설립에 따라 WTO 체제로 흡수됨.

관세사 Customs Broker

무역상사나 기타 수출입을 하는 사람을 위해 해당 수출입절차에 필요한 통관수속을 대행해 주는 업자

관세상당치 TE(Tariff Equivalent)

비관세조치를 관세로 전환할 경우 나타나는 효과를 약속된 공식에 따라 계산한 것. UR 농산물협상에서 모든 비관세조치의 관세화를 위한 수단으로 국내외 가격차로 계산한 비관세 보호 효과에 상응한 관세

$$TE = \frac{국내가격 - 국제가격}{국제가격} \times 100(\%)$$

관세상한 tariff cap

현행 관세율 수준에 관계없이 관세율을 이행기간중 일정 수준 이하로 낮추어야 하는 상한. DDA 비농산물 협상에서 논의되고 있는 스위스 공식의 경우 계수가 관세 상한의 역할을 하게 됨.

관세양허 Tariff binding

GATT협정에 부속된 국별 양허표(tariff schedule)에 기재된 관세율 이상으로 관세를 올리거나 부과하지 않을 것임을 약속하는 것. 일단 관세양허를 약속하면 그에 상응하는 보상이 없는 한 이를 어길 수 없음.

관세양허 모델리티 Tariff Concession Modalities

DDA 농업, NAMA(비농산물 시장접근) 협상에서 관세감축율, 감축공식 등 협상의 기초가 되는 세부원칙. Modalities가 확정되고 협상이 타결되면 각 회원국은 modalities에 따라 국별 이행계획서를 제출하여 검증을 받게 됨.

관세영역 Customs Territory

WTO 규정 하에서 다른 영역과의 무역을 하고, 고유의 관세 또는 기타 상업관련 규정을 가지고 있는 모든 영역을 의미. 관세영역이 꼭 주권국가일 필요는 없음. 대만, 홍콩, 마카오 등이 국가가 아닌 관세영역의 자격으로 WTO 회원국이 된 바 있음.

관세율 할당 TRQ(Tariff Rate Quotas)

최소시장접근 또는 현행시장접근 기회를 보장하기 위해 일정 수량까지는 저율 관세율을 부과하고 그 수량을 초과하면 고율의 관세율을 적용하는 제도

관세자유구역 Customs Free Zones

관세·부과세 등의 부과가 면제되며 지역내 이동물품에 대한 반출·입 신고, 각종 세관절차, 수입요건 구비여부에 대한 세관장 확인절차 등 통관절차가 생략되는 법적·지리적 경제활동특구. 입주한 외국인투자 기업에 대해서는 외국인투자촉진법령상의 입주기업과 동일한 혜택이 부여됨. 관세자유지역은 세계적으로 500여 곳이 있으며 물류촉진, 중계·위탁무역의 촉진, 물류부가가치 창출, 외국자본 유치 등 복합적 기능을 수행해 다양한 경제적 효과를 창출하고 있음.
우리나라에서는 '관세자유지역의 지정 및 운영에 관한 법률'에 따라 2002년 1월 부산항과 광양항이 첫 관세자유지역으로 지정, 운영되었으며, 2003년 1월 인천항이 관세자유지역으로 지정되었음. 그러나 2004년 7월부터 관세자유지역은 경제자유구역(Free Economic Zone, FEZ)에 통합되었으며, 이에 따라 관세자유지역 지정제도는 폐지되었음.

관세장벽 Tariff Barriers

무역수지 개선 또는 국내산업 보호를 위하여 수입물품에 고율의 관세를 부과하여 수입을 제한하는 방법, 1930년대 대공황 이후 각국에서 관세장벽 강화

관세정점 tariff peaks
특정분야의 수입품에 대하여 평균관세율을 크게 상회하여 부과하는 높은 관세. 일반적으로 국제기준으로는 15% 이상, 국내기준으로는 국내 평균관세율의 3배 이상이 부과되는 경우임.

관세조화 tariff harmonization
회원국의 관세를 일정 정도 비슷한 수준으로 감축시키는 것을 의미하며 특정 품목이나 분야에 대해 여러 회원국이 참여하여 분야별 관세조화를 하는 것을 일컫기도 하고, 스위스 공식을 통해 모든 국가의 모든 관세를 일정 수준 이하로 수렴시키는 것을 의미하기도 함.

관세특혜수준 TPL(Tariff Preference Levels)
NAFTA를 비롯한 미국이 체결한 다수의 FTA에서는 협정상 원산지규정을 충족하지 못한 섬유 및 의류에 대해 제공하고 있는 특혜쿼터

관세평가 custom valuation
적정한 수입관세를 부과하기 위해 통관당국이 수입품의 가치를 평가하는 방법[1]. WTO 관세평가협정(GATT 제7조의 이행에 관한 협정)은 상품가치 평가에 있어서 자의적이거나 임의적인 관세평가를 배제하고 공정하고 통일된 중립적인 체제를 제시하기 위해 체결되었음.

관세품목 tariff line
관세율표상 분류된 품목

관세화 tariffication
각종 비관세 조치를 관세의 형태로 전환하는 것으로 UR 농산물 협상에서 농산물 교역 자유화를 위한 하나의 수단으로 사용됨. 관세화의 구체적인 방법은 각종의 비관세 조치로 인하여 발생한 국내외 가격차에 근거하여 관세상당치(TE: Tariff Equivalent)를 산출하고, 이를 향후 6년의 기간동안 평균 36%(개도국은 10년간 24%) 감축해 나간다는 것을 내용으로 하고 있음.

---

[1] 전자상거래 관련, 오프라인으로 배송되는 디지털제품에 대해서는 WTO관세평가위원회에서 컨텐츠 가격의 과세가격 포함여부에 대해 각 국가에 선택권을 부여. 우리나라는 1984년부터 콘텐츠의 가격을 과세가격에 포함하여 과세하고 있음.

관세화에 대한 특별대우 special treatment

관세화 의무의 이행을 일정기간 연기한다는 의미. WTO 농업협정 제4조 2항에 의해 인정된 예외 없는 관세화라는 UR 협상원칙에 대한 예외로서 농업협정 부속서 5의 Section A, Section B의 두 가지 특별 대우(Special Treatment) 방식이 있음. 첫째는 생산통제가 되고 있는 수입량 3%이하, 수출보조가 없는 품목에 대해 6년간 관세화를 유예하는 대신 최소시장접근은 4~8%를 보장하는 것이며, 둘째로는 개도국인 경우 상기 요건 외에 전통적 주식이 되는 품목은 10년간 관세화로 유예하는 대신 최소시장 접근물량은 1~4%를 보장하는 방식임. 전자는 일본의 쌀이 해당되며 후자는 한국의 쌀이 해당됨. 한국은 관세화 유예 10년째 해인 2004년 재협상을 통하여 2014년까지 최소시장 접근물량을 7.96%까지 증량한다는 조건으로 10년간 관세화 유예 추가 연장을 인정받은 바 있음.

관세환급 duty drawback

수출용원재료가 수입될 때 일단 관세를 부과하였다가, 동 재료가 사용된 완제품이 수출되는 시점에서 관세를 환급하여 주는 제도. 환급액이 미미할 경우에는 정해진 물품에 대해서는 환급액을 일일이 산정하는 대신 정액을 지급하는 '간이정액환급제도'를 운영하고 있음.

광대역서비스 broadband services

영상, 비디오, 음성, 문자 및 데이터 등을 각기 독립적으로 또는 결합하여 활용하는 통신서비스를 지칭. 일반적으로 광대역이란 의미는 높은 전송률로 정보를 교환하는 능력을 말함.

교차보복 cross retaliation

WTO의 협정 하에서 패소국이 패널의 판정을 합리적 기간 내에 이행하지 않을 경우에 승소국은 분쟁해결기구의 승인을 얻어 패소국에 대한 양허나 그 밖의 의무를 정지(suspension of concession) 할 수 있음. 양허의 정지는 문제된 분야만이 아니라 다른 분야에 대해서도 가능하며 이를 교차보복이라고 함. 이러한 교차보복을 허용하기 위해서는, ① 원칙적으로 침해를 입은 분야에서의 양허의 정지를 우선적으로 추진하고, ② 이러한 제재가 비현실적이거나 비효과적인 경우에는 동일 협정상의 다른 분야에서의 양허를 정지하고, ③ 위의 방법도 비현실적이거나 비효과적이라고 판단되는 경우라야 함. 이와 같은 교차보복의 허용으로 GATT/WTO 분쟁해결의 실효성이 높아짐.

교차보상 cross-compensation
분쟁해결의 한 방법으로서 양허를 위반한 WTO 회원국이 위배조치나 관행을 철회하지 않고 대신 다른 분야에서 보상을 제공하는 경우를 의미함.

교차신문
증인 신문시 소송 당사자가 번갈아 신문하는 방식

구성가격 constructed value
반덤핑 조사 과정에서 국내 정상가격(normal value)이 존재하지 않을 경우 수출자가 제출한 정보를 사용하여 조사당국이 계산한 가격. 생산원가, 일반·관리·판매비 및 적절한 이윤으로 구성됨.

구속적 양허 bindings
GATT 협상에 따라 합의되어 그 나라의 양허표(schedule of concessions)에 통합된, 특정 세율 이상으로 구체적인 제품의 관세를 올리지 않기로 한 법적인 약속을 뜻함. 이는 교역당사국에게 보상을 제공하지 않고서는 파기할 수 없는 관세의 상한 (tariff ceiling)을 설정함으로써 예측가능성을 높이고자 하는 것임.

구제명령 Injunctive Relief
환경법 위반에 대한 법적 구제조치의 일종으로 법원이 당사자에게 특정 행동을 금지하거나 특정 조치를 수행할 것을 명하는 금지명령(injunction)을 발동

구체적 약속양허표 schedule of specific commitments
GATS에서 WTO 회원국이 약속한 시장접근(market access) 및 내국민대우(national treatment)에 관한 양허 내용

국가인정(지정)시험기관 NRTL(Nationally Recognized Testing Laboratory)
미국의 노동부 산하 직업안전위생청(OSHA, Occupational Safety and Health Administration)에서 국가지정시험기관(NRTL, Nationally Recognized Testing Laboratory)이란 인정 프로그램을 운영. 평가를 통하여 적절한 자격을 갖춘 인증기관을 지정하여 인증이 필요한 제품에 대한 인증업무를 수행토록 하고 있음.

국경 내 장벽 behind the border barriers

관세나 비관세장벽과 같은 국경간 장벽은 아니나, 1차적으로 국내경제를 위해 채택하지만 결국에는 통상정책에 영향을 미치게 되는 정부규제나 규범을 일컬음. GATT 3조는 국경간 장벽을 거친 수입품에 대하여 동종의 내국 상품에 비해 불리한 대우를 하지 못하도록 하고 있음.

국경세 조정 BTA(Border Tax Adjustment)

국내 소비용 상품이 수출될 경우 당해 제품에 부과된 소비세 등 간접세의 반환 또는 부과금의 미징수. 이러한 국경세 조정은 경우에 따라 환급(drawbacks) 또는 감면(remissions) 등으로 불림.

국경장벽 at-the-border barriers

관세와 비관세조치(쿼터 포함) 등 국경을 통과할 때 타국산 상품에 부과되는 조치

국내/국제입찰 Domestic/International Bidding

응찰자의 국적에 제한을 두지 않는 입찰. 내국인에게 혜택을 주거나 유리한 조건을 따로 적용하지 않음. 국내입찰로는 낙찰될 가능성이 희박하거나 낙찰돼도 특혜시비가 예상될 경우 국제입찰에 부침. 외국인은 국내사정에 밝지 못하므로 내국인과 함께 컨소시엄을 구성하여 응찰하는 경우도 많음.

국내농업보조의 카테고리 box

① Green Box : WTO 농업협정은 농산물 무역 왜곡 효과나 생산에 미치는 효과가 극소하고 공공재정에 의한 지출로서 생산자에 대한 가격지지 효과가 없는 보조를 허용하고 있음. 허용보조의 종류는 WTO 농업협정 Annex 2에 명시되어 있으며, 농업협정에 따른 보조금 감축 의무로부터 면제. ② Blue Box : WTO 농업협정 제 6.5조에 규정된 기준에 합치하는 "생산제한 계획에 따른 직접지불(direct payment)"은 감축대상 보조금 총액 계산시 산입되지 않음. 생산량이 정해져 있어 무역왜곡을 최소화한다고 보기 때문 ③ Amber Box : 무역을 왜곡시키는 보조금으로 감축약속을 하게 됨.

국내운항권 cabotages

국내 항구와 항구간, 국내 공항과 공항간의 해운 또는 항운 서비스. 대부분의 나라에서 이러한 서비스는 국내 소유이거나 그 국가에 등록된 배 또는 항공기에 의해서만 가능함. 미국은 연안항해권을 제공하는 선박이 반드시 미국 내 조선소에서 제작되어야 하는 의무조항을 두고 있음.

국별양허표 C/S(Country Schedule)
시장접근 및 국내보조, 수출보조감축 등에 관한 양허교환 협상결과를 각국별로 WTO에 제출하여 세계무역기구설립을 위한 마라케쉬협정의 부속서로 첨부된 약속 이행 일정표

국산부품 사용요건 local content requirement
자국 내에서 생산되는 물품과 서비스 안에 국산부품을 일정한도로 포함할 것을 정한 요건. WTO 무역관련투자조치에 관한 협정(TRIMs 협정)은 이를 금지하고 있음.

국영무역기업 STE(State Trading Enterprise)
GATT 제17조 해석에 관한 양해에 따르면 국영무역기업이란 "배타적 또는 특별한 권리 행사를 통하여 수출입의 수준 또는 방향에 영향을 주는 정부 및 비정부 기업"을 의미

국제노동기구 ILO(International Labour Organization)
1919년 베르사이유 평화조약에 의해 창설된 기구로 다양한 형태의 협약을 통해서 국제노동기준 보호에 중추적 역할을 수행. 근로자의 기본적 노동권뿐만 아니라 고용, 경제, 사회적 발전 및 인권 보호 등 광범위한 문제를 다루고 있음.
사회복지의 증진과 근로조건의 개선을 목적으로 한 유엔의 전문기관. 각국의 정부, 사용자대표, 노동자 대표로 구성되어 있으며 노동입법과 적정한 노동시간, 임금, 노동자의 안전·보건에 관한 권고를 하거나 그 지도에 임하기도 함. 본부는 스위스의 제네바이며, 우리나라는 1993년에 정식 가입함.

국제농업개발기금 IFAD(International Fund for Agricultural Development)
개발도상국의 농업개발 및 식량생산증대 촉진, 이를 위한 융자 및 보조금 지원을 목적으로 1977년 12월 발족된 UN 산하기구

국제무역센타 ITC(International Trade Centre)
1964년 세계무역기구(WTO)와 국제연합(UN)이 함께 설립한 기구로, 본부는 스위스 제네바에 있음. 무역 활성화를 통한 지속가능한 개발 달성을 목적으로 개발도상국의 중소기업들이 수출경쟁력을 보유하는데 중점을 둔 무역 개발 솔루션을 제공. 제공 및 시장 개발, 무역지원서비스 개발, 무역 정보, 인적자원 개발, 구매 및 공급 관리, 무역 진흥을 위한 수요조사 및 프로그램 설계의 6개 분야에서 지원활동이 이루어 짐.

국제무역위원회 ITC(International Trade Commission)

ITC는 주로 정부보조금을 받거나 덤핑으로 미국에 수출된 외국 상품이 미국의 관련 업계에 피해를 주었는지의 여부를 판정하는 일을 담당하는 美정부기구. ITC는 정부나 의회 공공단체의 의뢰를 받아 각종 경제정책 연구 및 자료 조사 활동도 수행함.

국제무역특혜제도 GSTP(Global System of Trade Preferences)

1980년대 중반 개발도상국으로 하여금 상호간의 특혜관세수준을 일치시키기 위해 개발한 제도로 UNCTAD 후원하에 협상이 이루어짐. 권능조항에 의해 WTO 체제 내에서 체결이 가능함.

국제민간항공기구 ICAO(International Civil Aviation Organization)

제2차 세계대전이 끝난 후, 국제민간항공의 수송체계 및 질서를 확립하기 위하여 1944년 12월 설립된 기구. 우리나라는 1952년 가입하였음. 동 협약은 본문 96개 조항과 이를 뒷받침하는 부속서 제1부터 제18까지로 구성되어 있으며, 이 부속서는 항공과 직접 관련된 모든 분야에 안전성, 정확성 및 효율성을 위한 국제표준 및 권고, 관행 등을 마련해 주고 기술상의 기준을 제시한 국제규범이며 각국 항공법의 근간이기도 함.

국제상호인정협정 CCRA(Common Criteria Recognition Arrangement)

정보보호제품의 안전성을 회원국 간 상호인정하여 활용을 증진시키는 국제협약으로서 1998년 미국, 영국, 캐나다 등 5개국이 평가, 인증한 정보보호제품을 회원국 상호간 인정하기로 한 협정이 모태이고, 2000년 5월 미국, 영국, 프랑스 등 13개국 정부기관이 참여, "국제상호인정협정(CCRA)"에 서명함으로써 공식출범. 2006년 5월 우리나라도 가입하였으며, 2013년 현재 회원국은 총 26개국.

　Cf. **CCC(Common Criteria Certificate)**
　국제상호인정협정(CCRA, Common Criteria Recognition Arrangement)상 공통평가 기준(CC)을 기준으로 발행되는 정보보호제품의 안전성에 대한 인증서

국제수지방어를 위한 제한조치 balance of payments measures

GATT 제12조, 제18조에 따라 대외 금융상황 및 국제수지 보호를 위한 목적으로 취해지는 수입제한조치. 동 조치를 취하는 국가에게는 상세한 보고 및 정기적인 협의 의무가 부과됨.

국제수지보호조항 BOP Article(Balance of Payment Article)
GATT는 원칙적으로 수량제한을 금하고 있으나 GATT 제12조는 이에 대한 예외를 허용해 주고 있으며, 제13조에서는 만약 수량제한이 실시된다고 하더라도 무차별적인 것이어야 한다는 원칙을 규정하고 있으며, 제14조에서는 국제수지의 어려움을 이유로 무차별 원칙에 대한 예외를 허용해 주고 있음.

국제식물보호협약 International Plant Protection Convention
1954년 4월 식물병해충의 유입 및 만연의 방지를 위한 긴밀한 국제협력을 도모하기 위해 체결된 협약

국제식물신품종보호협약 UPOV(International Union for the Protection of New Varieties of Plants)
1974년 제정되어 1991년 개정되었음. 식물신품종 개발자에게 지식재산권에 준하는 권리를 부여하는 것을 주요내용으로 하고 있음.

국제전기표준회의 IEC(International Electrotechnical Commission)
전기·전자분야에 관한 국제규격의 통일과 협력을 촉진하기 위하여 1906년에 설립된 국제표준화 기구. 각국의 의사를 집결한 IEC규격의 형식에 따른 권고로서 간행물을 발행하고 이것을 각국의 국가규격에 반영시키는 것으로 달성됨. IEC의 국제법상 법적인 지위는 비정부간 협의기구이며 스위스 민법 제60조 등에 따른 사단법인으로 간주됨. IEC의 작업에 참여하고자 희망하는 국가는 자국내에 전기기술위원회를 구성해야 하며, 각 국에는 오직 하나의 국가위원회가 존재함.

국제전용회선설비임대역무
타국으로의 통신서비스 제공을 위한 전용회선 임대 서비스

국제표준화기구 ISO(International Organization for Standardization)
GATT에 의하여 국가간의 무역의 기술적 장벽해소를 위한 품질상호인정의 필요성이 제기되어 "상품 및 서비스의 국제간 교환을 촉진하고 지적, 과학적, 기술적, 경제적 분야에서의 협력을 증진하기 위한 세계 공통의 표준을 개발하고 무역을 촉진하기 위한 목적"에 의해 1947년에 설립된 기구

국제표준화기구 품질관리 기준 ISO 9000
기업들이 소비자들이 요구하는 바를 충족시킬 수 있도록 기업의 활동방식을 평가하는 기준으로, 국제표준화기구(International Organization for Standardization)가 마련. ISO 9001은 설계, 개발, 설치, 서비스에 이르는 전 생산과정에 걸친 QA(품질보증) 체계를 의미하며, ISO 9002는 제조, 설치에 한정된 QA체계를 의미. ISO 9003은 최종검사와 시험에 관한 QA 체계, ISO 9004는 품질경영 시스템에 관한 지분을 대상으로 함.

국제표준화기구 환경관리 기준 ISO 14000
환경관리와 관련한 ISO의 6개 분야(환경관리제도, 환경감사, 환경관련 라벨링, 환경보호 이행평가, 제품수명평가, 용어 및 정의)의 기준

권능조항(수권조항) Enabling Clause
도쿄 라운드 협상결과로 1979년 11월 28일 체결된 GATT 체약국단의 결정. 차등적이고 보다 특혜적인 대우, 상호주의 및 개발도상국의 보다 완전한 참여(Differential and More Favorable Treatment, Reciprocity and Fuller Participation of Developing Countries)에 관한 합의. WTO 회원국이 다른 회원국에게 동일한 대우를 부여하지 않으면서 개도국만을 우대하는 조치를 취할 수 있도록 허용하는 조항. GATT 1조 최혜국 대우(MFN)의 대표적인 예외임. 주요 대상조치로는 선진국의 개도국에 대한 GSP, 비관세조치(non-tariff measures)와 개도국간 지역 및 다자 무역협정(예: GSTP), 최빈개도국에 대한 특별지원 등이 있음.

권리 소진 Exhaustion of Right
정상적으로 판매한 기술, 상품에 대해서는 권리자가 다시 자신의 권리를 주장할 수 없다는 원칙. 병행수입인정을 위한 논리적 근거로 제시되고 있음.

권리관리정보 Rights Management Information
권리관리정보는 저작물 등의 식별정보, 저작자 등의 식별정보 및 이용조건 정보로서 저작물 등의 복제물에 부착되어 있거나 저작물 등의 공중전달 등과 관련하여 나타나는 정보

규제적용 면제 Forbearance
시장 경쟁이 충분히 이루어졌다고 판단되는 경우에 규제당국이 갖고 있는 규제권한을 지제 또는 행사하지 않는다는 개념으로 특히 통신분야 유효경생 상황과 관련하여 언급됨.

그린룸회의 green room meetings
각국의 협상수석대표가 참석하여 중요안건을 다루는 회의이며 정치적 판단을 요하는 의제에 대한 토론 및 최종 결정을 위해 개최됨. 동 회의 참가국은 주요국가로 한정되고 WTO 사무총장의 초청형식으로 이루어지며 보통 Green Room의 좌석 수에 따라 20여 개국의 초청대상국가가 결정되나 이는 유동적임.

금지 목록 negative list
금지되는 것만 적시하고 나머지는 모두 허용하도록 하는 양허 방식. 허용되는 것만 적시하고 나머지는 모두 금지하도록 하는 positive list와 구분됨. GATS 협정에 따라 양허되는 약속이행표(schedule of commitments) 서비스 분야의 선정은 positive list 방식을 따르고 있으며, 일단 양허가 이루어진 분야에서는 negative list 방식에 따라 시장접근(market access) 및 내국민대우(national treatment)의 예외로 명시되지 않는 한 모두 개방되도록 하고 있음.

기간통신사업자 facilities-based suppliers of public telecommunications services
통신설비를 보유하고, 이를 이용하여 전기통신서비스를 제공하는 사업자

기국주의 Maritime Flag State
공해상 선박은 그 선박이 소속되어 그 국기를 하고 있는 국가의 국내법의 지배를 받으며 그 국가만이 관할권을 가진다는 국제법상의 원칙. 완전생산기준에서 영해 밖의 바다에서 채취하거나 포획한 수산물은 당해 국가의 원산지로 인정하는바, 이때 선박요건에 기국주의를 채택

기본통신서비스 basic telecommunications services
음성전화, 텔렉스, 팩시밀리, 자료전송 등을 포함하는, 정보의 형태나 내용이 변화하지 않는 통신서비스

기본통신협상그룹 NGBT(Negotiating Group on Basic Telecommunications)
서비스 이사회(Council for Trade in Services)에 의해서 통신 전송망 무역의 점진적인 자유화 협상을 위해 설치되었던 그룹

기설정의제 Built-in Agenda
UR 협상을 통해 체결된 WTO 협정에서 지시하고 있는 추가적인 무역자유화를 위한 작업과제들로서 금융서비스(financial services), 기본통신(basic telecommunications) 및 해운서비스(maritime transport services) 등의 협상, 농업분야의 지원 및 보호의 추가적인 감축, 새로운 서비스 협상개시 등이 포함됨. 2001년 11월 DDA 협상 출범 이후 DDA 협상에 포함됨.

기술규격 technical specifications
품질, 성능, 안전도 및 치수, 기호, 용어, 포장, 표시 및 상표부착 또는 그 생산공정 및 방법 등의 조달대상 상품 또는 서비스의 특징과 조달기관이 규정하는 적합판정 절차 관련 요건 등을 의미

기술적 보호조치 Technological Protection Measures
기술적 보호조치(technological measure)는 저작권을 용이하고 저렴하게 집행하거나, 저작물에 접근하는 것을 제한하기 위하여 사용하는 도구이며, 암호화, SCMS (serial copy management systems), 디지털 워터마크(digital watermark), 디지털 서명, 비밀번호, 비밀번호가 정확한 것인지 확인하기 위한 프로그램 등이 있음.

기술지원 TA(Technical Assistance)
개도국의 무역 관련 능력배양을 위한 기술 지원 사업으로 전문가파견, 초청연수 등을 포함.

기업내 전근자 Intra-Corporate Transferee
타국 내에 기존의 지사가 있거나 새로 지사를 설립하는 기업체가 본국 내에서 근무하고 있는 직원을 기존의 또는 설립될 타국 내 지사의 관리자(executive managerial position) 또는 전문 지식인(employee with specialized knowledge)으로 파견하여 주재원으로 근무하는 자

기후변화협약 UNFCCC(United Nations Framework Convention on Climate Change)
1992년 5월 9일 채택. 동 협정은 기후체계로 인한 인류생존에 대한 위협을 방지할 수 있는 수준으로 대기 중 온실가스를 안정화시키려는 목적을 갖고 있음. 이러한 온실가스의 수준은 생태계가 기후변화에 자연스럽게 적응하며 식량생산이 위협받지 않고 지속 가능한 방식으로 경제발전이 이루어질 수 있도록 소정의 시간계획 내에서 달성되어야 함. 협약 당사국들은 다음과 같은 다섯 가지 원리에 따르게 됨. ① 과거 및 미래세대의 이익을 위한 기후체계의 보호, ② 개발도상국들의 특별한 필요에 대한 충분한 고려 제공, ③ 예방조치의 시행, ④ 지속 가능한 개발의 촉진, ⑤ 국제무역에 대한 자의적이거나 부당한 차별 또는 위장된 제한 등의 수단이 되어서는 안됨.

긴급수입제한조치 SG(Safeguard Measures)

세이프가드 제도의 의의는 GATT 이념에 부합되는 공정무역관행에 의한 수입일지라도 동 수입증가로 인해 수입국의 국내산업이 심각한 피해를 입거나 입을 우려가 있을 경우, 동 수입을 일시적으로 제한하여 국내경쟁산업으로 하여금 구조조정기회를 갖도록 하는데 있음. 보존조항, 도피조항(Escape clause), 면책조항 이라고도 하며 공정무역관행에 배치한 방법으로 수입을 제한하는 것이므로 반덤핑·상계관세 등 불공정무역규제도 보다 발동요건이 까다롭고 보상 및 보복조치가 규정되어 있음. 본 협정은 GATT 1994 제19조 이외의 조항에는 적용되지 않으며(섬유, 농산물, 서비스 등), 섬유류는 TSG(Transitional safeguard)를 다자간 섬유협정(MFA)이 GATT 1994로 복귀하는 과도기동안 미복귀된 품목에 한해 적용되며, 농산물은 일반관세로 전환한 농산물 중 이행계획서에 SSG로 표시된 품목에 SSG(Special safeguard) 적용토록 함. 서비스분야는 Emergency safeguard를 적용하고 있으며 무차별 원칙에 기초한 SG 조치에 관한 다자간 협상은 WTO협정 발효일로부터 3년내에 완료되어야 함.

Cf. 다자세이프가드/글로벌 세이프가드 (Global Safeguard)
  FTA의 양자세이프가드와 대비되는 용어로서 GATT 제19조 및 WTO 세이프가드협정에 기하여 그 출처에 관계없이 수입되는 제품에 적용되는 다자간 조치

Cf. 섬유 특별 긴급수입제한조치(Textiles Special Safeguards)
  관세화에 따른 보완장치의 일환으로 관세상당액 감축이행과정에서 세계시장가격의 급격한 변동 또는 수입급증(import surge)시 관세인상을 허용하도록 한 일종의 긴급구제조치(기존의 GATT 19조 Safeguard 조항과 무관). 미국은 중국의 WTO가입을 전제로 중국산 섬유류 수입에 대해서 2008년까지 특별세이프가드를 사용할 수 있도록 합의한 바 있음. 한편, 미국이 체결한 FTA에서 규정한 섬유류 특유의 긴급수입제한조치를 일컫기도 함. 관세철폐 유예기간의 경과 이후에도 동 조치의 행사가 가능하고, 발동 요건인 "심각한 피해" 판정을 위한 적용기준이 완화되며, 동 조치의 행사와 관련하여 그 발동기간중 정기적으로 이를 점진적으로 자유화하도록 규정이 없다는 점 등이 일반 긴급수입제한조치와의 차이점임.

Cf. 임시세이프가드(Temporary safeguard)
  국제수지 악화나 금융상의 위기시 또는 환율, 통화정책 등 거시경제정책 운용에 심각한 어려움이 있을 경우, 일시적으로 또 필요최소한도내에서 외국인투자에 대한 내국민대우나 외국인투자의 자유로운 대외송금을 정지할 수 있는 조치.

Cf. 특별긴급수입제한조치(Special Safeguards)
  UR 협상에서 농산물에 대한 예외 없는 관세화를 한 후 일정 상황에서 관세를 통한 추가 보호를 인정한 제도. WTO 농업 협정 제5조에 의해 인정. 미리 정해진 품목에 대하여 수입량이 정해진 기준을 초과하거나 수입가격이 정해진 수준을 미달한 경우, 회원국은 농산물에 대한 추가적인 관세를 부과할 수 있음. 일반 세이프가드와는 달리 국내 산업의 심각한 피해가 확인되지 않더라도 수입제한조치를 발동할 수 있다는 것이 특징임.

Cf. 특별긴급피해구제제도(SSG, Special Safeguard)
  농산물 관세화에 따른 보완장치의 일환으로 관세상당치(TE) 감축이행 과정에서 세계시장가격의 급격한 변동 또는 수입급증시 관세인상을 허용하도록 한 관세화한 농산물에 한하여 특별히 적용되는 피해구제제도.

〈WTO협정상의 Safeguard 비교〉

UR 분야별	SG 협정	섬유·의류협정	농산물협정
명 칭	Safeguard	잠정 Safeguard (Transitional Safeguard)	특별 Safeguard (Special Safeguard)
대상품목	제한없음	GATT 미복귀품목(기규제품목 제외)	관세화대상 농산물 (아국 : 보리 등 118개)
제도의 존속기간	무차별 발동(수량제한시 수입급증 국가에 대한 선별적 적용가능)	국가별 발동	무차별 발동
발동요건	수입급증에 따른 국내산업의 심각 한 피해 (serious injury)발생 또는 우려	수입급증에 따른 국내 산업의 심각한 피해 (Serious injury)발생 또는 실질적 우려시	물량이나 가격이 발동기준 초과 ·수입물량이 시장접근기회((10% 이하, 30%초과)를 초과한 경우(각각 125%, 110%, 105%) ·수입가격이 '86~'88평균 가격보다 10%이상 하락한 경우
발동절차	SG 위원회 통보 및 이해관계국과 사전 보상협의 (최초 3년간 보복면제)	TMB 통보 및 이해관계국과 규제수준 사전협의(미합의시 TMB의 권고)	농업위원회 조치 10일이내 통보 및 이해관계국과 적용조건 협의(보복면제)
조치수단	관세율조정 및 예외적 수량제한	수량제한	관세율 조정
조치존속 기 간	4년이내 피해구제필요기간(8년까지 연장가능)	연장없이 3년간 또는 당해품목의 GATT복귀 시점중 먼저 도래까지	- 물량기준 : 당해년도말 - 가격기준시 : 별도제한없음
조치한도	관세율 조정 : 피해구제 범위내	최근 1년간 수입량 보장(초년도 수준을 매년 6% 증량)	- 물량기준 : 당해년도 관세의 1/3 범위내 추가 - 가격기준 : 하락정도에 따라 일정비율

까르네 협정 Carnet Convention

1959년 제정된 컨테이너화물의 세관취급에 관한 국제조약. 컨테이너 수송 시 경유지에서 세관검사가 면제되고 수입세나 수출세의 납부도 면제되도록 규정한 것. 까르네는 세관검사시 제출하는 무관세 통행증을 뜻하는데, 1961년 관세협력이사회(WCO)에서 발행하기 시작한 아타까르네가 대표적임. 국제 전시회나 박람회에서 전시용품 등을 일시적으로 반입할 때 수입세 면제와 통관절차의 간소화를 위한 것임.

낙찰 award of contracts

정부조달에서 상품 또는 서비스를 구매하고자 하는 정부기관이 최종적으로 공급자들이 제출한 입찰서 중 하나를 선정하는 것

남미·카리브 연안 국가군   GRULAC(Group of Latin-American and Caribbean Countries)

과테말라, 코스타리카, 니카라과, 트리니다드토바고, 그레나다, 바베이도스, 세인트빈센트, 파나마, 온두라스, 멕시코, 쿠바, 자메이카, 벨리즈, 도미니크공화국, 도미니카연방, 아이티, 세인트키츠네비스, 안티구와바비다, 세인트루시아, 바하마, 가이아나, 수리남, 엘살바도르, 브라질, 아르헨티나, 칠레, 페루, 베네주엘라, 콜롬비아, 파라과이, 에쿠아도르, 볼리비아, 우루과이 등 33개국임.

남미공동시장   Mercosur

Southern Common Market의 스페인어 약어로, 브라질, 아르헨티나, 우루과이, 파라과이 남미 4대국이 만든 남미공동시장을 뜻함. 지난 2012년 7월 31일 베네수엘라가 추가로 가입해 현재는 5개국이 참가하고 있음.

남아프리카관세동맹   SACU(Southern African Customs Union)

남아프리카 5개국간에 체결된 관세동맹으로, 회원국은 보스와나(Botswana), 레소토(Lesotho), 나미비아(Namibia), 남아프리카공화국(South Africa)과 스와질랜드(Swaziland) 등 5개국임.

내국민대우원칙   national treatment

외국산 물품이라도 일단 수입이 완료된 후에는 자국산 물품과 동등한 대우를 하여야 한다는 원칙으로 GATT 3조에 규정되어 있으며, 그 밖에 많은 양자 및 다자협정에 포함되어 있음. 내국민대우원칙은 일단 외국상품이 국내에 수입된 후에는 국내동종 물품에 비하여 세제나 기타 경쟁관계에 영향을 미치는 법 또는 규제에 있어서 불리한 대우를 받아서는 안 된다는 원칙이기 때문에 내국민대우 위배여부를 판단하기 위한 선결사항은 비교대상이 되는 수입품과 국산품이 동종물품(like product)인지를 판단하는 것임. GATT 제3조 2항은 수입품에 대하여 동종의 국내상품에 부과하는 것보다 높은 내국세 기타 과징금을 수입품에 부과하여서는 안 된다는 내용이며, GATT 제3조 4항은 내국세 기타 각종요금에 있어서의 차별 이외에 정부규제에 있어서의 차별대우를 금지하는 조문임. 또한 GATT 제3조 5항은 국내법규제로 상품 구성성분의 일정량 또는 일정 비율이상 국산품을 사용하도록 강제하는 것을 금지하고 있음. 이러한 내국민대우원칙에는 많은 예외가 인정되어 있는 바, GATT 3조에서 규정하고 있는 예외는 정부조달, 생산자에 대한 보조금, 스크린쿼터제 등임. GATS 제17조, TRIPS협정 제3조, 정부조달협정 제3조 등에도 내국민대우 원칙이 규정되어 있음.

농업에 관한 협정 Agreement on Agriculture

UR 협상 결과로 체결된 WTO 협정중의 하나. 농업협정은 농업교역에 대한 장기적 개혁과 자유화를 위한 최초의 효과적인 다자간 틀을 제공함. 동 협정은 새로운 규범을 마련하였으며, 시장접근(market access), 국내보조(domestic support)와 수출경쟁에 대한 약속, 즉 보조금(subsidies) 문제를 포괄함. 또한 무역왜곡 효과가 적은 국내 지원정책을 채택하도록 촉구하는 한편 국내적 조정에 따르는 부담 완화를 목적으로 한 조치는 허용하고 있음.

GATT체제하에서는 농산물교역은 식량안보 등 농업의 특수성으로 인하여 그 동안 GATT의 자유무역원칙이 제대로 적용되지 못하여 왔음. 80년대 들어와 세계농산물 시장은 과잉생산과 개도국들의 농산물 수입감소 등으로 구조적 과잉공급이 발행하기에 이르렀고, 이를 타개하기 위하여 미국, EU 등 선진국들이 경쟁적으로 수출보조금을 지급함에 따라 농산물교역질서의 왜곡현상과 재정적자 확대 등 구조적 문제에 직면 하였음. 이러한 구조적 문제가 장기화됨에 따라 UR출범을 계기로 미국을 비롯한 농산물 수출국들의 주도하에 농산물교역의 구조적 문제해결을 위한 방안으로 농산물 수출국들의 수출보조금 감축과 수입국의 무역장벽 완화 및 시장개방 등에 관한 협상이 진행되었음. 농업협상은 크게 ① 시장개방 ② 국내농업보조 ③ 수출보조 ④ 위생 및 검역(동식물 검역) 등으로 나누어 진행되었으며 구체적이고 실효성 있는 약속을 요구하게 되었음.

⟨농업협정의 주요내용⟩

시장개방

○ 농산물에 대한 예외없는 관세화
  - 농산물의 자유로운 교역을 제한하고 있는 비관세장벽을 완전히 없애는 대신에 국내외 가격차를 관세상당치(Tariff Equivalent : TE)로 전환함으로서 관세 또는 관세상당치에 의해서만 농업을 보호할 수 있도록 함.
○ 관세 및 관세상당치의 단계적 인하
  - 모든 농산물의 관세 및 관세상당치를 1995-2000년(이행기간)중 평균 36%를 감축(품목별 최소 15%감축)하되 매년 동일 비율로 균등 감축토록 함.
  - 개도국은 1995-2004년 기간중 평균 24%(품목별 최소 10%)를 감축.
○ 최소시장접근(MMA) 및 현행시장접근(CMA) 보장
  ⟨최소시장접근⟩
  - 현재 수입이 없거나 미미한 품목은 이행기간중 총소비의 3-5%를 최소수입량으로 정해 수입하되 동 물량에 대해서는 현행세율 또는 양허세율을 적용함.
  ⟨현행시장접근⟩
  - 현재 3%이상 수입되는 품목은 현행물량 이상으로 수입을 보장함.
○ 특별 세이프가드
  - 관세 및 관세상당치 인하 등 시장개방약속을 이행함에 있어 특정품목의 수입물량이 기준이상으로 급증하거나 수입가격의 급락으로 내외가격차가 급격하게 축소되어 국내 농민에게 피해가능성이 있을때 농업보호를 위해 추가적인 관세부과가 허용.

국내보조분야

○ 보조금을 허용보조금과 감축대상보조금으로 구분하여 허용보조금을 제외한 모든 국내보조는 '95년부터 6년간 20%(개도국은 10년간 13.3%)를 감축함.
○ 농산물 무역왜곡효과가 없거나 생산에 미치는 효과가 미미하며, 공공재원에 의한 지출로서 생산자에 대한 가격지지효과가 없는 다음과 같은 경우는 허용보조금으로 분류됨.
  - 정부의 일반서비스(연구사업, 병충해방제, 유통 및 판매촉진 등)
  - 식량안보 목적의 공공재고(시장가격에 의한 수매, 방출의 경우에 한함)

- 저소득층에 대한 식량보조 및 생산과 연계되지 아니한 직접소득보조, 환경보전 및 낙후지역을 위한 보조, 탈농지원, 휴경보상, 또는 투자보조를 통한 구조조정 지원
○ 감축방식은 감축대상정책으로 인해 농민에게 수혜된 보조총액이 보조총액측정치(Total AMS ; Total Aggregate Measurement of Support)를 계산하여 이를 일정기간동안 점진적으로 균등 감축함.
- 품목별 또는 특정보조금별로 감축하는 것이 아니라 전체 농업보조액을 계산하여 총액을 감축하여 나가는 것임.
- 품목별 보조액이 해당품목 생산액의 5%이하 또는 품목불특정 보조액이 농업총생산액의 5%이하인 경우에는 AMS 계산에서 제외하여 감축의무면제(개도국은 10%이하).
○ 국내보조에 관한 감축이행 약속에 따라 국내보조정책을 운영하는 한 당해보조금에 대해서는 어떤 국가도 보조금·상계관세협정 등에 근거한 보복조치를 취할 수 없음.

수출보조분야

○ 수출보조금에 대해서는 95년부터 6년간 재정지출기준으로 36%, 물량기준으로 21%를 감축토록 함(개도국은 10년간 24%, 14% 감축).
○ 구체적인 수출보조금의 유형으로 농산물 수출관련업체 등에 대한 정부의 직접지원, 정부재원을 통한 수출보조 등 6개 유형을 제시
- 수출신용, 수출신용보증, 수출보험 등에 대해서는 향후 합의될 국제기준에 따르도록 함.
○ 수출보조금과 관련, 우회적인 수출행위나 국제식량원조, 가공품에 대한 보조한도 등에 대해 일정한 규제를 가하고 있으며, 수출국의 인위적인 수출금지 및 수출제한도 규제하고 있음.
○ 수출보조에 관한 감축이행약속에 따라 수출보조금을 지급하는 한 당해 보조금에 대해서는 어떤 국가도 보조금·상계관세협정에 근거한 보복 조치를 취할 수 없음.

위생 및 검역분야

○ 지금까지 각국이 위생 및 검역조치를 자의적으로 운영함에 따라 수입제한적 조치가 남용되는 사례가 빈번히 발생함. 따라서 위생 및 검역협정은 이러한 농산물 무역상의 부정적 영향을 초래하는 조치를 최소화하기 위한 규제를 강화하고 수입제한적 요소를 사전에 제거토록 하기 위하여 별도의 SPS협정을 성립시켰음.

누적 피해판정 cumulative assessment

반덤핑에 따른 피해 조사시 한 덤핑 행위국으로부터의 수입물량만을 조사 대상으로 하는 것이 아니라 각국으로부터 수입된 모든 수입물량이 국내 산업에 야기한 피해를 합산하여 피해판정을 하는 것. 이 원칙에 의하면, 소량 수출국 또는 수출량이 감소하는 수출자의 경우, 대량수출자의 수출량과 누적되어 피해가 판정되므로 실질적으로 피해원인을 제공하지 않았음에도 불구하고 반덤핑 관세를 부과 받게 됨.

누적조항 Accumulation

국내산이 아닌 FTA 상대국산 원재료를 사용한 경우 그 원재료를 국산재료(원산지 재료)로 간주하여 역내산으로 원산지를 인정, 특혜관세의 혜택을 부여하는 것.
    예 : 한-미 FTA의 경우 미국에서 미국산 부품과 한국산부품을 동시에 사용하여 전기 면도기를 조립, 한국에 수출하는 경우, 한국산과 미국산 부품 모두를 원산지 재료로 인정

능력배양 또는 능력형성 CB(Capacity Building)

개도국이 국제협정상 의무이행 등을 위해 필요한 능력을 배양하는 것. 대다수 협정에 선진국이 개도국의 능력배양을 지원하도록 하는 내용이 포함되어 있음.

다수공급자계약제도 MAS(Multiple Award Schedule)
정부조달 관련, 각 공공기관의 다양한 수요를 충족하기 위하여 품질, 성능, 효율 등에서 동등하거나 유사한 종류의 물품을 수요기관이 선택할 수 있도록 2인 이상을 계약상대자로 하는 계약제도로서 미국, 캐나다에서 널리 활용되고 있으며, 우리나라는 2004년 12월 31일 조달사업법시행령 개정 이후 시행하고 있음.

다원적 기능 multifunctionality
농업이 식량 및 섬유 생산 이외의 폭넓은 기능을 가지고 있다는 개념. NTC(비교역적 관심)와 함께 농업의 급격한 개방에 반대하는 논거로 사용

다자간섬유협정 MFA(Multi-Fiber Arrangement)
섬유류 수입에 대하여 양자협상에 의해 수입국이 수량제한을 부과할 수 있도록 한 다자간 협정. 섬유수입 선진국과 섬유 수출 개도국간 1974년에 체결. 현재는 WTO 섬유 및 의류에 관한 협정(ATC)에 따라 2005년부터 섬유 분야도 GATT 체제로 완전히 편입됨.

다자간투자협정 MAI(Multilateral Agreement on Investment)
OECD에서 추진했던 투자에 관한 다자협정. 기존의 양자간 투자협정과 OECD의 자본이동 자유화 규약 및 경상무역외거래 자유화 규약 항목 중 자본거래관련 항목, OECD의 다국적기업에 관한 지침, GATS의 상업적 주재에 의한 서비스관련 공급규정을 포괄하고자 했으며, 제조업뿐만 아니라 서비스 및 자연자원 분야, 투자자유화, 투자보호 및 투자관련 분쟁 해결절차 내용까지도 포함하려 하였음. 또한 GATS와는 달리 내국민대우, 최혜국대우 등을 일반의무사항으로 규정하고자 하였음. 그러나 국가간 이해관계를 조정하지 못하고 1998년 협상이 결렬되어 결실을 맺지 못하였음.

다자간환경협약 MEA(Multilateral Environmental Agreements)
환경파괴를 줄이거나 제거하는 것을 목표로 다자간에 체결된 200여개의 협정, 협약 및 의정서. 그중 20여개는 구체적인 무역조치를 포함하고 있음. DDA 환경협상에서는 MEA와 WTO의 관계에 대해 협상이 이루어지고 있음.

다자주의 multilateralism
국가의 크기나 국제무역의 점유율에 상관없이 모든 회원국들이 동등한 권리와 의무, 무차별원칙, 동등한 자격을 바탕으로 다자직으로 협상을 하는 접근방법

단순 평균 관세율 simple average tariff rate
수입물량의 가중치를 고려하지 않은 관세율의 산술 평균

단일서류접수창구 Single Window
모든 수출입 관련 서류를 한 번에 한 기관에 제출할 수 있는 단일서류접수창구를 의미하며, 수출입시 여러 기관을 방문할 필요가 없어지므로 수출입업자의 편의가 증대될 뿐 아니라, 통관소요시간이 단축되고 물류비용이 절감되는 등의 효과가 있음.

단일실질변형기준 Single Substantive Transformation Criteria
실질적 변형은 특정 물품의 생산·제조가공 과정을 통하여 당초의 원료의 성질을 본질적으로 변형하여 새로운 명칭, 특성 또는 용도의 물품으로 변화시키는 활동을 의미함. 섬유류의 제품의 경우 단일실질변형이라 함은 결국 아래 그림 가운데 방적, 제직·편직 및 재단·봉제의 각 공정을 일컫게 됨.

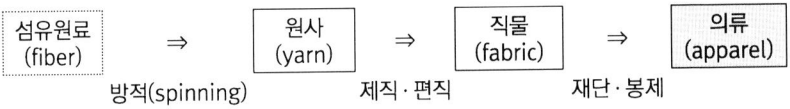

단체표장 Collective Mark
조합이나 협회 등 일정한 단체의 회원에 의해 사용되고 그 회원임을 나타내기 위하여 사용되는 상표 또는 서비스표

대위변제 Subrogation
투자자가 투자유치국에서 입은 손실에 대하여 투자자 모국정부 또는 그 지정기관이 보상하고 투자자의 투자유치국에 대한 모든 권리와 청구권을 승계하는 것

대응구매 offsets
현지부품사용, 기술면허, 투자 및 연계무역 또는 이와 유사한 요건에 의하여 현지 발전을 장려하거나 조달기관 당사국의 국제수지계정을 개선하기 위해 조달과정 중에 또는 조달과정에 앞서 당해 당사국의 조달기관에 의해 부과되거나 고려되는 조건을 말함.

대체가능물품
상업적 목적으로 호환가능하고 그 특성이 본질적으로 동일한 물품

덤핑 dumping

수출자가 자국내 국내시장 판매가격(정상가격)보다 낮은 가격으로 수출하는 것을 의미함. 덤핑마진은 수출국의 정상가격(normal value)와 수출가격(export price)의 차이로 계산됨.

덤핑마진 산정방식 A-A/T-T/A-T방식

덤핑마진은 정상가격과 수출가격을 산정하고 이들을 공정하게 비교하는 것으로써 비교방식은 크게 세 가지로 나눌 수 있음: ① 가중평균 정상가격과 모든 비교가능한 수출거래가격의 가중평균과의 비교(A-A방식); ② 개별거래에 기초한 정상가격과 수출가격을 비교(T-T방식); 그리고 ③ 가중평균 정상가격과 개별 수출거래가격을 비교하는 것(A-T방식)

덤핑방지관세 Anti-Dumping Duty

외국물품이 정상가격 이하로 수입되어 실질적 피해등이 확인되고 당해 국내산업을 보호할 필요가 있다고 인정되는 때에는 그 물품과 공급자 또는 공급국을 지정하여 당해 물품에 대하여 정상가격과 덤핑가격과의 차액에 상당하는 금액 이하를 추가하여 부과하는 관세. 기획재정부령으로 물품, 공급자, 공급국을 지정(관세법 제51조)

도착전 처리 pre-arrival processing

수입 상품의 반출을 촉진시키기 위해 수입 상품이 도착하기 전에 수입 서류 및 기타 필요 정보들을 세관 및 관련 당국에 사전에 제출하고 처리를 시작할 수 있도록 하는 제도

도하개발아젠다 DDA(Doha Development Agenda)

카타르 도하에서 개최된 제4차 WTO 각료회의 결정에 의해 2001년 11월 출범한 새로운 다자무역협상. WTO는 우루과이 라운드 이후의 새로운 다자간 무역협상을 출범시키면서, 개도국들의 주장을 받아들여 라운드라는 이름 대신, "도하개발아젠다"라고 명명. 이는 개도국 관심사항인 "개발" 측면을 강조하기 위한 고려가 반영된 결과. WTO 회원국들은 시장 접근(농업, 서비스, 공산품과 임수산물), 규범, 환경 등 분야에서 협상을 진행중이나, 주요 협상 이슈에서 선진국과 개도국간의 입장차이로 타결되지 못하고 있음.

도하개발아젠다 신탁기금 DDA GTF (Doha Development Agenda Global Trust Fund)

2001년 12월 19일 일반이사회에서 개도국 기술지원사업 수행을 위해 설치키로 결정한 신탁기금

동경라운드 Tokyo Round
GATT의 7번째 다자간 무역협상으로 1973년부터 1979년까지 진행되었으며 102개국이 참여하였음. 1973년 9월 동경 각료회의에서 출범한 데 유래함.

동남아국가연합 ASEAN(Association of Southeast Asian Nations)
1960년대 중반 동남아시아국가의 공동안보 및 자주독립 노선 추구를 위한 지역협력 가능성을 모색하기 위해 1967년 8월 방콕에서 아세안 5개국 외무장관회담을 개최한 후 아세안 선언으로 1967년 8월 8일 결성됨. 말레이시아, 인도네시아, 태국, 필리핀, 싱가폴, 브루나이, 베트남, 미얀마, 라오스, 캄보디아가 회원국으로 가입되어 있음. 동 연합의 목적은 ① 동남아시아의 지역협력 촉진, ② 외국으로부터의 간섭 배제 및 역내 제국의 평화와 안정 수호, ③ 경제·사회·기술·문화등 각 분야에 있어서의 상호 원조임.

(SPS 협정상의)동등성 Equivalence
수출당사국이 자국의 조치가 타방 당사국의 위생 또는 식물위생 보호의 적정수준을 달성한다는 것을 타방 당사국에게 객관적으로 입증하는 경우, 각 당사국은 타방 당사국의 위생 및 식물위생 조치가 자국의 조치와 상이하더라도 이를 동등한 것으로 수락

동의명령제
피심인의 위법을 사법부가 판단하지 않고, 경쟁당국과 피심인간 시정조치에 합의하여 사건을 종결하는 제도

디지털제품 Digital Product
디지털화되어 전자적으로 전송될 수 있고, 전달매체에 고정될 수 있는 컴퓨터 프로그램, 문자열, 동영상, 이미지, 녹음 또는 그 밖의 제품

로마조약 Treaty of Rome
벨기에, 독일, 프랑스, 이태리, 룩셈부르크 및 네델란드 등 유럽경제공동체(EEC: European Economic Community) 6개 회원국들에 의해 1957년 3월 25일 서명되어 1958년 1월1일 발효된 조약. 동 조약은 자유로운 상품의 이동, 관세동맹(customs union)의 설립, 수량제한(quantitative restriction)의 철폐, 농업·인력 서비스·자본의 자유이동, 공동 수송정책, 경쟁 및 조세정책, 경제 및 통상정책, 사회정책, 유럽투자은행(European Investment Bank)의 설립, 외국 및 해외영토와 동 조약간의 연합, 제도장치 등을 규정하고 있음.

로메협정 Lome Convention
1975년 2월 아프리카 토고(Togo)의 수도 로메(Lome)에서 EC와 46개의 아프리카, 카리브해 및 태평양(ACP)국가들 사이에 체결된 조약. EU는 ACP국가들과의 무역을 통하여 특혜관세의 부과, 원조와 개발지원을 하는 등 각종 무역상 특혜를 제공하고 있음.

리스본협정 Lisbon Agreement
세계지식재산권기구(WIPO)에 의해 관장되는 원산지 명칭의 보호 및 국제등록에 관한 협정. 58년 리스본에서 체결된 후 67년에 개정됨. 원산지명은 이해당사국의 요청이 있는 경우 WIPO에 등록됨.

마드리드 협정 Madrid Agreement
상표 도용 등을 저지하기 위한 협정으로 1891년 4월 마드리드에서 체결됨. WIPO에 의해 관장됨.

마라케쉬 협정 Marrakesh Agreement
세계무역기구 설립을 위한 협정. 동 협정에 의해 세계무역기구(World Trade Organization)가 설립되었으며, 4개의 부속서를 통하여 다자간 및 복수국간 협정을 포함함. 1994년 4월 15일 마라케쉬 각료회의에서 채택되어 1995년 1월 1일에 발효됨. 4개의 부속서는 부속서 1A) 상품무역에 관한 협정, 부속서 1B) 서비스무역에 관한 협정, 부속서 1C) 지적재산권에 관한 협정, 부속서 2) 분쟁해결양해, 부속서 3) 무역정책검토제도, 부속서 4) 복수국가간 무역협정임

망 요소 세분화 Unbundling Network Elements
이용자에게 일괄로 제공될 수 있는 상품이나 서비스 또는 설비를 부분적으로 분해해서 제공하는 형태. 주로 전화통신망에서 이미 구축된 기존 통신망의 여유부문을 사업자 간에 공동으로 활용토록 유도하고, 서비스기반 경쟁을 독려하기 위한 통신망 개방 정책의 하나로서 망세분화라고도 함.

메일박스 mail box
WTO 협정 발효일 현재, 의약품 및 농약물질에 대한 특허보호를 실시하지 않고 있는 회원국이 시행해야 하는 의무조항(TRIPS 협정 제70조 8항 및 9항)

멸종동식물 보호협약 CITES(Convention on International Trade in Endangered Species)
야생 동식물의 국제교역을 규율하기 위해 체결된 협약으로 1975년 1월 1일 발효됨.

모범규제관행 GRP(Good Regulatory Practices)

자유로운 국제무역, 시장개방, 투자촉진을 규제개혁에 필요한 요소로서 ① 의사결정의 투명성 및 개방성, ② 비차별성, ③ 불필요한 무역제한의 회피, ④ 국제적으로 조화된 조치의 사용, ⑤ 동등성의 인정, ⑥ 경쟁정책의 적용 등 무역관련 주요 원칙, 관행 및 경험을 말함.

모조 counterfeit

상표가 부착되어 있는 원래의 상품을 모방하여 제조하는 불법행위. 가짜제품을 원제품처럼 속여 판매할 목적으로 이루어짐.

무관세 무쿼터 DFQF(Duty-free Quota-free)

최빈개도국으로부터 수입하는 품목 전부 혹은 일부에 대해 무관세로 수입하거나 쿼터 제한을 두지 않는 특혜를 제공하는 제도를 지칭

무세화 zero for zero, tariff elimination

UR 협상에서 처음으로 제기된 관세인하 제안으로서 특정산업분야의 관세를 철폐하자는 제안. 무세화 제안은 미국이 1990년 12월 철강, 전자 건설장비 등 10개 분야의 무세화를 각국에 제안함으로써 시작되었으며, 이후 일본, EC, 캐나다 등도 자국 관심품목에 대해 무세화 제안을 하였음. 1993년 7월 Quad 4개국은 철강, 건설장비 등 8개 분야 76개 품목 무세화에 합의하였고, 1993년 12월 미국, EC는 종이, 목재, 비철금속, 목재 등 4개 분야 무세화에 추가 합의하였음. UR 이후 정보기술제품에 대한 무세화협상이 진행되어 정보기술협정(ITA)이 체결되었음.

무역가중 평균관세율 trade-weighted average tariff rate

무역가중치에 따라 계산된 평균 관세율

무역관련 지식재산권에 관한 협정 TRIPS(Agreement on Trade-Related Aspects of Intellectual Property Rights)

기존의 다수의 국제협약에 의해 규율되던 지식재산권의 보호문제를 GATT의 다자간 규범으로 편입하기 위하여 UR협상에서 타결된 협정으로서 기존 국제협약상의 보호수준보다 강화된 수준에서 지식재산권의 구체적 보호대상과 보호기간을 명시하였으며, 컴퓨터 프로그램, 데이터베이스, 반도체칩 배치설계권, 미공개정보 등과 같은 신 분야까지 보호의 범위를 확대함.
지적재산권의 보호를 규정한 WTO 설립을 위한 마라케쉬협정 부속서1(c)에 포함된 협정. 각국의 다양한 지적재산권보호 기준을 통일화하고 모조품의 범람 방지를 목적으로

체결됨. 체약국은 지적재산권에 대한 최소 보호수준을 유지할 의무가 있으나, 자국 내 법체계와 관행에 따라 지적재산권 보호제도를 도입하는 것이 가능하도록 되어 있음. 상기 협정은 실제 무역관련 범위를 넘어 지적재산권 보호에 대한 전 범위를 포괄하고 있으며, 기존의 지적재산권관련 협정과 달리 TRIPS 협정 위반에 대하여 WTO분쟁해결기구에 제소할 수 있도록 함.

무역관련 투자조치 TRIMs(Trade Related Investment Measures)

외국인투자와 관련한 무역 흐름을 제한 또는 왜곡시키는 투자유치국의 조치(규제 또는 인센티브 부여)를 의미. 이러한 무역왜곡·제한 효과를 방지하기 위하여 WTO TRIMs 협정이 체결됨. WTO TRIMs협정의 핵심은 상품교역관련 투자 이행의무의 금지로 요약될 수 있는데, ① 내국민대우와 수량제한금지, ② 개도국 우대조치, ③ 통지 및 경과조치을 주요 내용으로 하고 있음. 그러나 선진국에 기반을 두고 있는 다국적 기업의 제한적 사업관행에 대한 규제, 기술이전 및 외국인 지분참여 제한조건이 논의에서 제외되었다는 한계를 가짐.

무역구제 trade remedies

국내산업 피해를 제거 또는 구제하기 위해 부과하는 무역조치. 반덤핑조치, 상계관세조치 및 긴급수입제한조치를 의미함.

무역냉각효과 trade-chilling effect

특정국가의 특정 상품 수입에 급격한 감소를 야기하는 효과. 반덤핑 제도는 최종 관세 부과와 관계없이 조사개시만으로 이러한 효과를 가지는 것으로 인정되고 있음.

무역 및 투자협정 TIFA(Trade and Investment Framework Agreement)

상품무역의 관세자유화 문제를 제외한 무역투자촉진 협정이며 무역·투자 자유화, 지적재산권 보호, 정보·커뮤니케이션 기술, 관광 등의 협력분야가 있음.

무역에 대한 기술적 장벽 TBT(Technical Barriers to Trade)

어떤 상품에 대한 표준화제도의 차이에 따라 발생할 수 있는 국가간 상품이동에 대한 장애를 칭함. WTO '무역에 대한 기술장벽에 관한 협정(Agreement on TBT)'의 전문에는 기술적 장벽을 포장, 표시, 등급표시를 포함한 기술 규정 및 표준 그리고 적합판정절차가 국제무역에 불필요한 장애가 되는 것으로 암묵적인 정의를 내리고 있음.

무역왜곡보조총액　OTDS(Overall Trade-Distorting Domestic Support)
농업 분야의 무역왜곡보조총액으로서 감축대상보조(AMS), 최소허용보조(de minimis), 특정 제약하의 직접지불보조(Blue Box)의 총합

무역원활화　trade facilitation
상품의 국경간 이동의 장애가 되는 무역절차, 규정, 수수료 부과, 문서 요구 등 제반 절차를 단순화하여 무역 흐름을 원활히 하자는 논의. 싱가폴 이슈(무역원활화, 정부조달투명성, 무역과 투자, 무역과 경쟁정책)중 하나로 2004년 8월 1일 기본골격 합의에 따라 DDA 협상 분야의 하나가 됨.

무역전환　trade diversion
자유무역협정, 관세 동맹 등의 체결 후 수입이 저비용 역외국가에서 고비용 역내국가로 전환되는 현상

무역정책검토기구　TPRB(Trade Policy Review Body)
TPRM(무역정책검토제도)을 담당하는 WTO 일반이사회급 기구

무역정책검토제도　TPRM(Trade Policy Review Mechanism)
각국의 무역정책과 관행에 대한 투명성제고 및 이를 통한 다자간 무역체제의 기능 강화를 위하여 이루어지는 다자간 검토. 마라케시 협정 부속서 3에 의해 인정되며 TPRB에 의해 운영됨. 교역규모가 큰 상위 4개국(미국, 일본, EU, 캐나다)은 2년, 5위에서 20위까지(한국, 호주 등 포함)는 4년, 기타국가는 6년을 주기로 하여 각국의 무역정책을 검토하고 있음.

무역창출　trade creation
종전에는 역내국 사이에 없었던 무역이 자유무역협정, 관세 동맹 이후에 새롭게 창출되는 효과

무역특혜협정　Preferential Trade Agreements
지역무역협정 중 가장 초기단계를 지칭하며 WTO 체제 하에서 선진국이 개발도상국에게 일방적으로 양허를 할 경우 무역특혜가 허용됨. 예로써 유럽 국가들이 아프리카, 캐리비안, 그리고 태평양 국가들에게 허용한 Lome 특혜, 미국의 카리브연안특혜제도(United States' Caribbean Basin Initiative) 등을 들 수 있음.

무역협상위원회　TNC(Trade Negotiations Committee)

WTO 협상의 전반적 활동을 감독하기 위해 협상기간 동안 한시적으로 운용되는 기구. 무역협상위원회 의장은 WTO 사무총장이 담당하고 있음.

무임승차자　free-rider

무역자유화의 혜택을 누리면서 그에 상응하는 무역자유화 조치를 취하지 않는 무역당사국. 공동의 무역자유화조치에 참여하지 않으면서 그 혜택을 누리려는 나라를 의미

무차별　non-discrimination

다자간 무역체제의 기본원칙. 어떠한 국가든 외국의 공급자들 사이에 차별을 둘 수 없다는 최혜국 대우 원칙과, 외국의 물품이 일단 국내에 합법적인 절차에 의해 들어온 이상 부당하게 국산품과 차별적인 대우를 취할 수 없도록 하는 내국민대우를 두 가지 원칙으로 하고 있음.

무효화와 침해　nullification and impairment

GATT 제23조 1항은 GATT/WTO분쟁의 제소사유를 규정하고 있는 바, GATT협정의 위반 혹은 비위반으로 ① 관세양허협상에서 기대되는 시장접근이익이 무효화 또는 침해되거나, ② 협정의 목적달성이 저해되어야 함(주로 ①의 사유가 많이 원용됨). DSU 제3조 8항에 의하여 이익의 무효화 또는 침해가 추정(prima facie)되는 위반 제소와는 달리 비위반제소시에는 무효화 또는 침해를 입증하는 것이 가장 중요한 문제중의 하나로 등장하게 됨. GATT/WTO판례는 무효화 또는 침해는 관세양허협상의 시점에서 가지고 있던 합리적 기대가 좌절되어 경쟁조건에 변화가 생긴 것이라고 해석하고 있음.

물품세　excise duty

정부가 상품의 생산, 구매, 판매 또는 사용 등에 대해 부과하는 조세. 알코올 증류 및 판매에 부과되는 조세가 전형적인 예임. 수입품은 GATT 제3조 내국민대우(national treatment) 원칙에 따라 동종 국내 상품과 동일 수준의 물품세가 부과되어야 함.

물품취급수수료　Merchandise Processing Fee

미국이 수입물품의 통관 시 부과하는 물품취급수수료. 동 수수료는 물품의 원산지에 따라 차별적으로 부여하고 있어(NAFTA 회원국, 이스라엘, 최빈국, 캐리비안 경제개발국 등은 제외되고 있음), 예외국이 아닌 경우 비관세장벽으로 구분될 수 있음. 수수료는 2011년 10월 1일부터 송장금액의 0.3464%로 송장 건당 최저 25달러에서 최고 485달러를 부과하고 있음.

미국 국가표준원 ANSI(American National Standards Institute)
1918년에 설립된 미국의 국가표준기관으로서 국가규격의 제·개정 및 관리업무를 수행.

※ ANSI를 중심으로 운영되는 표준화 시스템
　　미국 국가규격은 ANSI에서 제정되는 규격으로서 전문단체 또는 관련 위원회 등을 통해 소정의 절차를 거쳐 ANSI 규격으로 승인됨. 100여개 단체의 규격이 ANSI로서 채택되고 있으며, 승인된 규격에 대한 최종편집, 인쇄 및 배포는 원안 작성단체 또는 ANSI에 의해서 이루어짐.

미국 동식물 건강/검역소 APHIS(Animal and Plant Health Inspection Services)
미국 농림부(USDA)산하기관으로 동물 및 식물과 관련한 검역업무를 담당하는 기관

미국 무역대표 USTR(US Trade Representative)
미국 대통령 직속기구로 대외무역협상을 담당하는 각료급 인사. 또한 동 기관을 지칭하기도 함.

미국 연방통신위원회 FCC(Federal Communication Commission)
미국 통신분야 독립 규제기관으로 1934년 통신법에 의거하여 설립된 미국 정부의 행정위원회. 특정 부(部)에 속해 있지 않고 독립하여 직권을 행사하고 있으나 그 활동에 대해서 의회에 연차 보고서를 제출. 임기 5년의 5명의 위원으로 구성되며, 위원은 상원의 조언과 승인을 얻어 대통령이 임명되며, 주요 소관 사항은 공중통신 사업자의 감독, 방송 사업자의 감독, 각종 무선국의 면허, 무선 종사자의 면허, 케이블 텔레비전 시스템의 등록, 통신 위성 시스템의 규율 등임.

미국 중앙조달기관 GSA(General Services Administration)
1949년 "Federal Property and Administrative Services Act"에 의해 설립된 미 연방 조달기관으로서, 모든 연방정부기관 및 활동을 지원하고, 주 정부기관을 제한적으로 지원하고 있음.

미국 증권감독위원회 SEC(Securities and Exchange Commission)
주식 기타 증권과 관련하여 감독권한을 보유하고 있는 미국의 금융감독기관으로 우리나라 금융위원회와 유사한 지위와 권한을 갖음.

미국 통상법 201조 Section 201

흔히 도피조항(escape clause)으로 불리는 1974년 미 통상법 201조를 지칭함. 수입품의 증가로 인해 미국기업이 심각한 피해를 입거나 피해 입을 위험이 있는 경우 safeguard 조치를 통해 구제해 주는 조항

미국 통상법 301조 Section 301

미국의 많은 수출산업들이 외국의 무역장벽 때문에 외국시장에 진출과 관련해서 겪고 있던 애로를 타개할 목적으로 '1974년 통상법' 제정시 신설. 이후 통상법 301조는 계속 개정되어 현재의 모습을 띠고 있는데, 구체적으로 '1974년 통상법' 제3편 제1장에 포함된 제301조부터 제310조까지의 일련의 규정을 지칭함. 301조는 미국의 상품이나 서비스의 시장접근을 확대할 수 있도록 또는 미국의 투자자들이 해외에서 보다 효과적으로 보호될 수 있도록 하기 위하여 사용됨. 또한 이 조항은 USTR이 특정상품에 대해 미국의 무역을 불공정하게 제한하는 나라로부터의 수입 제한 조치를 취할 수 있도록 하고 있음.

미국 GSM 프로그램(수출신용제도) General Sales Manager

미 농무부가 자국 농산물 수출을 촉진하기 위해 운영하는 자금으로, 원래 의미는 농산물 수출업무를 맡고 있는 농무부 직책인 General Sales Manager의 약어. 수출업자가 물품을 수출할 경우 수입국 은행이 보낸 신용장을 통해 자국 은행으로부터 수출대금을 우선 받게 됨. 이어 수출국 은행은 수입국 은행으로부터 수출대금을 상환 받고, 최종적으로는 수입업자가 자국(수입국)은행에 대금을 지급하는 방식으로 결제가 이루어짐. 이 과정에서 미국 농무부 산하 상품신용공사(CCC)가 수출업자에게 수출대금을 우선 지불한 자국 민간은행에 대해 대금상환을 보증해 주는 것이 GSM 프로그램

미소 de minimis

「허용가능 최소」 또는 「의무면제」의 뜻을 지님. 주로 원산지여부 판정, 덤핑마진 판정, 세이프가드 발동대상 판정 등에 동 개념이 사용됨.
  ※ 예 : 수입산 밍크칼라(HS430310)와 국산 밍크반제품(HS430310)으로 밍크코트(HS430310)를 만든 경우 밍크코트 가격에서 수입산 밍크칼라가 차지하는 비율이 일정비율 이하이면 국내산으로 인정.

미소 덤핑마진 de minimis dumping margins

덤핑마진이 2%이하인 경우를 말하여, 이 경우 반덤핑 조사는 자동적으로 종료됨. 현재 DDA 규범 협상에서는 미소 덤핑 마진 기준을 상향조정하는 문제를 논의하고 있음. 반덤핑 조사가 종료되는 또 하나의 기준은 수입물량이 총수입량의 3% 미만인 경우(negligible imports)인 바, 그 기준에 대해서도 현재 DDA 협상에서 논의하고 있음.

미소수입물량 negligible imports
미소마진 이외에 반덤핑 조사가 종결되는 경우 중의 하나로서 덤핑 수입품의 수량이 무시할만한 수준인 경우를 뜻하며, WTO협정 하에서는 다음의 두가지 조건이 충족되어야 함: ① 특정국가의 덤핑 수입품이 전체 동종 수입품에서 차지하는 비율이 3% 미만이고, ② 전체수입품에서 차지하는 비율이 3% 미만인 국가들의 합산한 수입의 비율이 7% 이하이어야 함.

미소진 매커니즘 Tariff Quota Underfill Mechanism
농업 협상에서 각국의 TRQ 소진율을 일정 수준 이상으로 유지하기 위한 제도

민간인증
제품, 서비스 또는 시스템 등에 대한 적합성평가에 있어 법적 근거 없이 자체 수익사업으로 민간기관에서 자율적으로 시행하는 인증제도

민감품목 sensitive products
DDA 농업협상에서 국내적인 민감성을 고려하여 관세감축율에 있어 일반품목에 비해 일정한 신축성을 부여할 수 있는 품목. 선진국과 개도국 모두에게 인정됨. 어떤 품목을 민감품목으로 정할 것인지는 각국이 정하도록 하고 있으나, 민감품목의 범위 및 대우에 대해서는 협상이 진행중임. 민감품목으로 지정되면 일반적인 관세 감축보다 낮은 감축이 가능하나, 대신 관세할당 증량 등을 통해 시장접근을 늘려야 하는 의무가 있음.

바이오안전성의정서 Protocol on Biosafety
UNEP(국제연합환경계획, united Nations Environment Program) CBD(생물다양성협약, the convention on Biological Diversity)에서 유전자변형생물체의 국가 간 이동, 사용, 취급 등에 있어 적절한 안전성 확보를 위한 절차를 규정한 의정서로 2000년 1월 29일 채택되었음 콜롬비아의 카르타헤나라는 도시에서 1999년에 의정서 채택을 목표로 한 당사국회의가 개최되었고, 도시명을 따서 바이오안전성에 관한 카르타헤나의정서로 명명

바젤협약 Basel Convention
유해폐기물의 국제이동 및 그 처리 통제에 관한 협약으로 1989년 3월 22일 유엔환경계획(UNEP) 후원 하에 채택되었으며 1992년 5월 5일 발효. 유해폐기물의 국제적 이동의 감소 및 통제와 이들 폐기물이 환경적으로 건전한 방식으로 처분될 수 있도록 하기 위한 것이 목적

반경쟁적 행위

일정한 거래분야의 경쟁이 감소하여 특정 사업자 또는 사업자단체의 의사에 따라 어느 정도 자유로이 가격, 수량, 품질 기타 거래조건 등의 결정에 영향을 미치거나 미칠 우려가 있는 상태를 초래하는 행위로서, 예컨대 카르텔, 시장지배적 지위남용, 반경쟁적 합병행위 등을 말함.

반덤핑 Anti-Dumping

외국물품이 정상가격(수출국 국내시장 통상거래가격) 이하로 수입되어 국내산업이 실질적인 피해를 입거나 입을 우려가 있을 경우 또는 국내산업의 확립을 지연시킬 때 (덤핑행위), 정상가격과 덤핑가격의 차액의 범위 내에서 당해 수입품에 반덤핑관세를 부과하여 국내 생산자가 공정한 경쟁을 할 수 있도록 하는 제도

반덤핑관세 anti-dumping duties

외국의 물품이 정상가격(수출국의 국내판매가격)보다 낮은 가격으로 수입되고 그로 인해 수입국의 동종 상품 국내산업에 피해가 발생했을 때 수입국 정부가 부과하는 관세. GATT 제6조 및 WTO 반덤핑 협정(GATT 제6조의 이행에 관한 협정)에 의해 인정되고 있으나, 덤핑 마진 산정, 산업 피해 판정 등과 관련하여 불합리하게 운영되고 있다는 지적에 따라 DDA 협상에서 현행 반덤핑 협정을 개선하고 명확화하기 위한 협상이 진행중임.

반덤핑 자문위원회 AD(Anti-Dumping) advisory committee

EU 집행위원회가 반덤핑 조사절차의 각 단계에서 자문 및 협의를 구하는 위원회. 반덤핑 제소가 있을 경우, 각 회원국의 대표 1인 및 집행위원회의 1인으로 구성되며, 반덤핑 규정에 따라 반덤핑에 대한 조사의 개시 및 종결, 가격인상 제안의 수락, 잠정관세의 부과 및 확정관세 부과의 건의 등 관련 조치를 취하고자 할 경우 EU 집행위원회는 반드시 반덤핑 자문위원회와 협의하여야 함.

반독점법 또는 독점금지법 antitrust laws

경쟁법(competition law)으로도 알려져 있는 것으로 경쟁정책(competition policy)을 확보하는 규범의 일환임.

반 우회덤핑 anti-circumvention

제3국 또는 수입국에서 부품 및 제품의 일부분을 조립하거나, 제조 및 수출 기지를 제3국으로 이전하는 등의 방법으로 기존 반덤핑 조치를 우회하는 행위를 막기 위해 기존 조치를 새로운 상품 등으로 확대하는 조치

발동가격　Trigger Price

가격기준 특별긴급관세(SSG) 발동시 적용되는 기준. 일단 발동가격에 달하면 기존 법령 등에 규정되어 있는 긴급관세 추가부과 등의 조치가 자동적으로 또는 의무적으로 취해지게 됨.

발동수준　trigger level

WTO 농업협정상 특별세이프가드(SSG) 발동시 적용되는 기준으로서 ① 수입량이 과거 3년간 평균수입량의 일정비율 초과 ② 수입가격이 1986~88년 기준 국내가격보다 10%이상 인하되는 것을 말함. ①의 경우에는 실행관세율 1/3 수준한도내에서 추가관세를 당해년도 추가관세를 당해년도에 한해 부과할 수 있도록 하고 있으며 ②의 경우는 가격차의 일정비율을 추가관세로 부과할 수 있음.

방송권　Broadcasting Right

일반 공중으로 하여금 동시에 수신하게 할 목적으로 무선 또는 유선 통신의 방법에 의하여 음성, 음향 또는 영상 등을 송신하는 행위를 허용 또는 금지할 수 있는 권리

방콕협정　Bangkok Agreement

공식명칭은 ESCAP 개발도상국간 통상협정에 관한 제1차 협정(First Agreement on Trade Negotiations Among Developing Countries of ESCAP)이며, 상호이익이 되는 조치들을 통해 아시아·태평양 경제사회이사회(ESCAP)내 개발도상 회원국간의 무역을 확대하기 위한 것을 목적으로 하고 있음. 1975년 7월 서명되었으며 현재 회원국은 방글라데시, 스리랑카, 인도, 라오스, 한국, 중국임. 2006년 아시아·태평양 무역협정(Asia-Pacific Trade Agreement)로 명칭 변경

배기량 기준 세제　Taxation Based on Engine Displacement

자동차의 배기량(엔진 실린더 크기)(cc)에 따라 자동차에 대한 세금을 결정하는 세제. 자동차는 취득, 보유, 이용단계로 나뉘어 과세되며 우리나라에서는 취득단계에서는 특별소비세, 보유단계에서는 자동차세가 자동차 엔진 배기량에 따라 과세됨. 차량 등록 단계에서 의무화되어 있는 공채 구입도 넓은 의미의 조세에 해당하는데, 지하철 건설재원 확보를 위한 도시철도 채권과 지방자치 단체 재원 확충을 위한 지역개발공채가 배기량에 따라 과세됨.

배타적 경제수역　EEZ(Exclusive Economic Zone)

영해를 포함하여 연안에서 200해리에 이르는 범위내의 일체의 어업·광물자원에 대해 연안국이 배타적으로 관할권을 갖는다고 선언한 수역.
1994년 12월에 발효돼 1995년 12월 정기국회에서 비준된 유엔해양법협약에서 연안국의 EEZ권리를 인정하고 있음. 협약에서 인정하는 EEZ의 경제주권으로는 ① 어업자원 및 해저광물자원에 대한 주권적 권리 ② 해수해풍을 이용한 에너지 생산 ③ 탐사권 ④ 해양과학조사관할권 ⑤ 해양환경보호에 관한 관할권 등이 있음. 다른 나라 배와 비행기의 통항 및 상공비행자유가 허용된다는 점을 제외하고는 영해나 다름없는 포괄적 권리가 인정. 따라서 다른 나라 어선이 EEZ내에서 조업하려면 연안국의허가를 받아야 하고 이를 위반하면 나포 처벌됨.
그러나 어떤 나라가 일방적으로 2백해리 EEZ를 선포한다고 해서 즉각 EEZ권리가 인정되는 것은 아님. 통상 인접국의 EEZ와 겹치는 경우가 많아 경계 획정 분쟁이 발생하기 때문임.

번호 이동성　number portability

유무선 통신서비스 이용자가 가입회사를 변경해도 기존 전화번호를 계속 사용할 수 있는 것. 번호 이동성이 실현되면 동일한 번호를 계속 사용할 수 있기 때문에 전기통신 사업자 선택이 쉽고, 사용자의 이용 편의성 향상 및 사업자 간 경쟁 촉진을 기대할 수 있음. 국내에서는 시내전화와 이동전화에 대해 시행 중.

법인　juridical person

GATS에서 사용된 용어로 회사(corporation), 신탁(trust), 합작회사(partnership), 합작투자회사(joint venture), 개인기업(sole proprietorship), 협회(association) 등 서비스를 제공하기 위해 만들어진 법인을 지칭

법적 차별　de jure discrimination

법률이나 규정을 통해 공식적으로 무역상대국을 차별하는 것

법정손해배상제도　Statutory Damages

법정손해배상제도란 민사소송에서 원고가 실제 손해를 입증하지 않은 경우에도 사전에 법령에서 일정한 금액 또는 일정한 범위의 금액을 법원이 원고의 선택에 따라 손해액으로 인정할 수 있는 제도

베른협약(문학적 및 예술적 저작물의 보호를 위한 협약) Berne Convention for the Protection of Literary and Artistic Works

저작권의 국제적 보호를 목적으로 체결된 협약의 하나. 문학적 및 예술적 저작물에 대하여 저작자의 권리보호를 위해 1886년 9월 9일 스위스 베른에서 스위스, 독일, 벨기에, 스페인, 프랑스, 이탈리아, 영국, 아이티, 라이베리아, 튀니지 등 10개국에 의해 체결되었으며, 2013년 현재 체약국이 166여국에 이름. 한국은 1996년 가입함.

별정통신사업자 non-facilities-based suppliers of public telecommunications services

기간통신사업자로부터 설비를 임차하여 서비스를 제공하는 사업자

병해충 안전지역 Pest(or Disease) Free Area

특정 병해충이 발생하지 않는 것으로 주무 당국에 의해 확인된 지역. SPS 협정 제6조 및 부속서 A에 규정

병행수입 Parallel Imports

독점수입권자에 의해 외국상품이 수입되는 경우 제3자가 다른 유통경로를 통하여 진정상품을 국내 독점수입권자의 허락 없이 수입하는 것 무역관련 지식재산권에 관한 협정(TRIPs) 제6조는 권리 소진의 문제를 분쟁해결대상으로 하지 않을 것을 명시함으로써 간접적으로 각국의 병행수입제도 채택 자유를 인정

보복관세 retaliatory tariff

상대국의 관세인상에 대응하여 부과하는 관세. WTO 체계하에서는 일방적인 보복관세는 인정되지 않으며 분쟁해결절차를 거쳐서 예외적인 경우에만 인정되고 있음.

보상 compensation

다른 회원국이 서비스에 대한 양허약속을 깨거나 양허율 이상으로 상품에 관세를 부과하는 등의 경우에 WTO 회원국들이 이용 가능한 구제방안. 양허약속을 어기는 등의 행위에 대해서는 반드시 다른 회원국들에게 어떤 형태로든 보상을 해야 하며, 대개는 다른 상품이나 서비스에 대해 양허를 하는 방법 등을 통해 이루어짐.

보안적합성심사제도 The Common Criteria Evaluation and Validation Scheme

미국에서 국제상호인정협정(CCRA)의 공통평가기준(CC) 및 공통평가방법론(CEM)을 기반으로 정보보호제품을 평가, 인증하는 제도

보조금 subsidy

WTO 보조금 및 상계조치협정 제1조는 ①정부의 ②재정적 기여(financial contribution)가 있고 ③ 이로 인해 수혜자에게 혜택(benefit)이 발생한 경우 보조금이 존재하는 것으로 간주하고 있음. 여기서 정부란 지방정부를 포함하며 공공기관은 물론 정부에 의해 통제되는 민간기관까지 포함하는 광의의 개념임. 정부의 재정적 기여란 공공계정상의 부담을 의미하는 것으로 무상지원, 채무감면, 대출, 지분참여 등과 같이 민간에게 자금이 직접 이전되거나 민간의 채무를 대신 부담하거나, 세액공제와 같이 정부가 세입을 포기하거나 일반 사회간접시설 이외에 정부가 민간에게 재화나 용역을 제공하거나 또는 민간으로부터 재화를 구매하는 경우에 발생됨.

보조총액측정치 AMS(Aggregate Measurement of Support)

WTO 농업협정에 따라 감축해야 하는 무역 왜곡 보조금의 총계

보증증서 또는 보증보험서 Surety Bond

채무자가 계약상의 채무(또는 법령상의 의무)의 확실한 이행을 담보하기 위하여 일정의 Bond Form에 보증인(통상 보험회사)의 연서(連書)를 받아 채권자에게 제출하는 보증서로서, 주채무자와 보험회사가 채권자에 대하여 연대하여 Bond에 약정된 보증금액의 지급채무를 부담하는 제도

복수국간 무역협정 Plurilateral Trade Agreement

WTO협정의 일부이긴 하나 모든 WTO 회원국이 아닌 이를 수락한 국가들에게만 적용되도록 한 협정으로 마라케시협정 부속서 4에 규정. 여기에는 민간항공기교역에 관한협정(Agreement on Trade in Civil Aircraft), 정부조달협정(Agreement on Government Procurement), 국제낙농협정(International Dairy Agreement) 및 국제우육협정(International Bovine Meat Agreement) 등이 포함됨.

복제권 Right of Reproduction

일반적으로 저술 또는 기타 도면 저작물의 복제물을 어떠한 크기와 형태로든 모사 복제하는 행위를 허용 또는 금지할 수 있는 권리. 디지털 환경에서의 복제도 배타적인 권리 대상임.

복합관세 compound tariff

종가세와 종량세 요소를 모두 포함한 관세. 어떤 상품에 대해 1달러의 종량세에 10%의 종가세가 더해지는 경우를 예로 들 수 있음.

본선인도가격　FOB(Free on Board)

물품가격의 하나로서 해당물품을 수출항에서 인도할 때의 가격을 의미 (공장도가격에 수출항까지의 운송비 등이 더해진 가격)

볼라 규정　Bolar Provision

미국식품의약국(FDA:Food and Drug Administration) 제출용 자료 작성에 필요한 범위 내에서, 특허된 의약품을 미국 내에서 제조, 사용 또는 판매하거나 미국으로 수입하는 행위는 특허침해가 아니라고 규정한 미국의 특허법 271.(e)(1)을 의미. FDA 승인을 위해 Roche사의 특허 의약품에 대해 특허만료 이전 임상시험을 수행한 Bolar사가 "영리를 목적으로 하는 시험·연구는 특허권을 침해하는 것으로 본다"고 규정한 미국 특허법을 위반하여 Roche사의 특허를 침해하였다고 한 Roche Prods., Inc. v. Bolar Pharm. Co., Case(1984)에 대한 비판이 높아짐에 따라 제정됨.

부가가치기준　Value Added Test/Ad Valorem Percentage Criterion

당해 물품이 2개국 이상에 걸쳐 생산된 경우 당해 물품에 대하여 일정수준 이상의 부가가치를 창출한 국가를 원산지로 인정하는 기준. 이에는 국내 혹은 역내가치 비율의 최소비율을 정하여 그 이상 부가가치를 창출하면 원산지 자격을 인정하는 국내가치함량(DC, Domestic Content) 기준 또는 역내가치함량(RVC, Regional Value Content)기준과 역외산 부품 및 원재료의 금액이나 수량이 일정기준 이하로 사용된 경우 원산지 자격을 인정하는 수입산 함량(MC, Import Content)기준이 있음. NAFTA 등 미주지역 FTA에서는 통상 RVC방식을 EU지역에서는 MC방식을 사용하고 아시아 지역에서는 RVC와 MC방식을 다양하게 사용. 한·ASEAN FTA는 MC방식을 채택하고 있고 칠레, 싱가포르, EFTA는 RVC방식을 채택.

부족불제도　deficiency payment

EU의 CAP와 미국의 농업정책 하에서 정부가 생각하는 적정 농가수취가격과 실제 시장가격과의 차이를 세수를 통한 공공재정 또는 소비자의 높은 가격부담 등의 형태로 보전하는 것.

북미자유무역협정　NAFTA(North American Free Trade Agreement)

1994년 1월 1일 공식 출범한 NAFTA는 미국, 캐나다, 멕시코 등 북미 3국간에 광범위한 자유무역을 추진하기 위해 체결된 협정으로 이 협정에 의해 동지역 내의 높은 기술수준, 풍부한 자본 및 자원, 값싼 노동력을 상호 보완적으로 결합하여 각국의 비교우위를 특화할 경우 여타 지역 혹은 국가에 심각한 영향을 미칠 수 있음.

NAFTA는 1988년에 체결한 미국과 캐나다간의 자유무역협정에 멕시코를 포함시킨 것으로 볼 수 있으나 기존의 협정에 지적재산권, 투자, 운송서비스 등과 관련된 규정을 추가함으로써 사실상 그 적용범위가 훨씬 넓어졌음. NAFTA의 목표는 협정문 제1장에 명시되어 있는데, 회원국간에 ① 무역장벽의 철폐와 원활한 상품 및 서비스의 이동, ② 공정한 경쟁조건의 배양, ③ 투자기회의 확대, ④ 지적재산권의 충분하고 효율적인 보호, ⑤ 협정의 시행 운용 및 분쟁해결에 관한 절차 마련, ⑥ 협정혜택의 확대 및 증진을 위한 협력체제의 구축 등으로 요약될 수 있음. 이에 따라 총 8개 부문, 22개 장과 7개의 부속서로 구성되어 있는 NAFTA협정은 시장접근 및 원산지규정 등의 상품 교역 관련사항, 투자 및 서비스 관련사항 그리고 지적재산권 등을 상세하게 규정하고 있음. 특히 동 협정은 환경에 관한 규정을 명문화시킨 최초의 자유무역협정임.

분야별 관세철폐 sectorial tariff elimination
분야별 접근방법(Sectoral approach)과 비슷한 의미이며, 특정 분야를 선정하여 그 분야에 해당되는 품목들의 관세를 완전히 철폐하는 것을 의미함.

분야별 접근방법 sectoral approach
분야별 관세철폐와 유사한 개념. DDA NAMA 협상에서는 모든 업종별로 동일하게 감축하는 관세감축 공식 외에 특정 분야를 선정하여 관세를 완전히 없애거나 (무세화), 관세를 낮추어 각국의 관세를 비슷하게 하는(관세조화) 분야별 협상이 진행중임.

분쟁해결기구 DSB(Dispute Settlement Body)
회원국간의 분쟁을 효과적으로 해결하기 위한 WTO 기구. 패널의 설치, 패널 및 상소 보고서의 채택, 판정 및 권고의 이행감시, 권고 불이행시 보복조치 승인 등에 관한 권한을 가진 기구임.

불완전 상호주의 less-than-full reciprocity
도하 각료선언 16항은 관세감축에 있어서 개도국은 선진국에 비해 보다 신축적인 감축의무가 허용되어 있는 바, 이를 less-than-full reciprocity라고 부름.

불충분공정/불인정공정기준 insufficient operations/non-qualifying operation
원산지를 부여하기에 불충분하다고 간주되는 공정. 일부 지역무역협정에서 모든 상황을 고려하여 원산지를 부여하기에 불충분하다고 간주되는 공정을 열기한 별도의 리스트를 갖고 있기도 함. 따라서 이들 협정상 불인정 공정으로 간주된 리스트에 해당되는 공정은 원산지를 부여 받지 못하게 됨.

(한-칠레 FTA의 예)
1. 상품은 다음의 이유만으로 원산지 상품으로 간주되지는 아니함.
   - 운송 또는 저장 목적상 좋은 상태로 상품을 보전시키는 작업이나 공정
   - 선적이나 운송을 촉진시키는 작업이나 공정, 또는
   - 판매를 위한 상품의 포장이나 전시에 관계된 작업이나 공정.
2. 제1항의 작업이나 공정은 특히 다음을 포함함.
   - 환풍, 통풍, 건조, 냉장, 냉동,
   - 세탁, 세척, 체질, 진동, 선택, 분류 또는 등급화, 선별, 혼합, 절단,
   - 탈피, 탈각 또는 박편, 탈곡, 뼈 제거, 분쇄나 압착, 연질화,
   - 부서지거나 파손된 부분으로부터 먼지를 제거, 기름 도포, 녹 방지나 그 밖의 보호재료 도포
   - 시험이나 측정, 대량 선적의 분류, 포장 상태로 조립, 표시부착, 제품이나 포장의 상표 부착이나 특유의 표시, 포장, 포장해체나 재포장
   - 물 또는 그 밖의 수성·이온·염화용액에 의한 희석
   - 상품의 단순조립, 세트구성
   - 염화, 가당
   - 동물의 도살
   - 분해, 그리고 이러한 작업 또는 공정의 하나 또는 그 이상의 조합.

비관세장벽   non-tariff barrier
비관세 무역장벽. 관세율 그 자체보다 표준·인증, 수출세, 위생검역 등 관세이외의 요소가 시장접근을 제약하고 있다는 판단하에 DDA NAMA 협상에서 비관세 장벽의 제거 방안을 논의하고 있음.

비관세조치   NTM(Non-Tariff Measure)
수입쿼터, 수입허가제, 검역, 기술장벽 등 관세 이외에 무역에 영향을 미치는 조치

비교역적 관심   NTC(Non-Trade Concerns)
식량안보, 환경보호, 농촌사회의 유지 등 농업의 비교역적 기능을 지칭하는 용어로서, 농산물 수입국들은 시장개방 공세에 대하여 NTC를 내세우며 보조금 지급의 논리 등을 제시. 농업의 '다원적 기능(multifunctionality)'과 함께 농업의 급격한 개방에 반대하는 논거로 사용. WTO농업협정 제20조는 농산물 후속협상에서 고려해야 할 사항으로서 NTC를 규정하고 있음.

비농산물시장접근   NAMA(Non-Agricultural Market Access)
DDA 협상 분야의 하나로 농산물을 제외한 모든 품목에 대한 시장접근 협상. 주로 공산품이 이에 해당되나 수산물, 임산물도 NAMA 협상의 대상

비누적 non-cumulation
수입증가에 따른 실질적인 피해등의 사실을 조사함에 있어 2개국 이상의 국가로부터 수입된 물품을 동시에 조사대상물품으로 하고 그 수입으로부터의 피해를 누적적으로 평가하지 않고 개별 수입국별로 산업피해를 조사하도록 하는 것.

비선형 공식 non-linear formula
관세율이 높을수록 감축율이 높아지는 관세감축 공식. 스위스공식이 비선형공식의 대표적인 예라고 할 수 있음. 관세수준에 관계없이 같은 감축률을 적용하는 선형공식과 대비됨.

비위반사건 non-violation case
GATT의 규정을 위반한 것은 아니나 그럼에도 불구하고 체약국으로서의 이익의 무효화 또는 침해를 야기하는 조치 또는 상황. GATT 제23조 1항 (b)에 의해 인정되고 있음.

비윤리적 영업관행 unethical business practice
의약품의 유통·처방 과정에서 발생하는 부패·부조리 등을 의미

비종가세 non ad valorem duties
종가세가 아닌 모든 관세. 종량세, 선택세, 복합세 등이 이에 해당됨. 종량세는 단위 수입물량에 따라 관세를 부과하는 것을, 선택세는 종가세와 종량세 중 보다 높은 관세를 부과하는 것을, 복합세는 이 두가지를 동시에 부과하는 것을 의미함.

비특혜원산지규정 non-preferential rules of origin
일반적인 무역정책 또는 무역조치 시행에 있어 상품의 원산지를 식별하는 데 사용되는 원산지 규정으로 관세부과, 반덤핑제도의 운용 등에 사용됨. WTO 원산지협정에 의해 규율되며, 지역협정 당사국에 적용되는 특혜원산지규정과 대비되는 개념임.

비합치 조치 Non-Conforming Measure
서비스 혹은 투자 협정문상의 의무(내국민대우, 시장접근 제한, 현지 주재 의무 등)에 합치하지 않는 국내 법령상의 조치를 말하며, FTA협상 추진시 협정 당사국은 서비스 혹은 투자 협정문상의 의무에도 불구, 국내 법령상의 비합치 조치를 유지코자할 경우 유보안에 명시 필요

사실상의 차별 de facto discrimination
1996년 바나나 패널판정에 관한 WTO 상소기구 보고서에서 최초로 사용된 개념. 상소기구는 법적인(de jure) 차별과 사실상의 차별개념을 대비하고 있음. 이 개념은 법적 요건이라기보다는 관행에 기초한 암묵적인 차별(implicit discrimination)의 개념에 가까운 의미를 갖고 있는 것을 보임.

사업방문자
단기간의 출장 등을 이유로 외국을 방문하는 자

사전통보동의 AIA(Advanced Informed Agreement)
환경에 부정적인 영향을 미칠 수 있는 자원 또는 제품의 국제 거래는 수입국의 책임기관에 대한 통보된 합의 없이 또는 책임기관의 결정에 반하여 진행되어서는 안 된다는 원칙 또는 절차

사전통보승인 PIC(Perior Informed Consent)
유전자원에 접근하는 경우 또는 국제적으로 규제되는 화학물질, 물질 또는 제품을 운송하는 경우 사전에 획득하여야 하는 승인으로 사전통보승인을 요청한 자가 제공한 정보에 기초하여 국가의 책임 기관이 승인

사전판정 Advance Ruling
수입업자가 신청하는 경우 품목분류, 과세 가격, 원산지 등에 대한 서면 판정을 상품의 수입 이전에 제공하는 제도

산업보조금 Industrial Subsidy
정부가 생산자나 수출자에게 지급하는 금융 또는 동일한 효과의 지원을 주는 것

산업피해구제수준 injury margin
덤핑마진(dumping margin)과 상대되는 개념으로서 국내산업피해를 적절히 제거할 수 있는 덤핑방지 관세율을 의미하며, 덤핑수입물품의 가격을 국내동종물품의 가격과 동일하게 인상하는 효과를 가져옴. 우리나라에서는 수입품판매가격이 국내판매가격보다 저가판매된 경우에는 덤핑수입으로 인한 국산품의 저가판매마진을 산업피해구제수준으로 하며, 덤핑수입이 없었더라면 국산품의 가격이 상승하였을 것으로 덤핑수입으로 인하여 가격상승이 억제된 경우에는 국산품의 적정판매가격과 수입품판매가격을 산출하여 그 차액 또는 비율을 산업피해구제수준으로 함.

상계가능(조치가능)보조금 Actionable Subsidy, Yellow Subsidy

특정기업이나 산업을 지원대상으로 하는 특정성(specificity)을 가지고 있는 보조금. 동 보조금 지급이 금지된 것은 아니나, 동 보조금 지급으로 인해 상대방 회원국에 부정적 효과(adverse effects)를 주게 되면 상대방 회원국은 상계관세를 부과하거나 직접 WTO에 제소할 수 있음. 부정적 효과는 상대방 회원국 국내산업에 대한 실질적 피해, GATT하에서의 양허를 통해 얻는 타회원국의 이익에 대한 무효화(nullification) 또는 침해(impairment), 또는 다른 회원국 이익에 대한 심각한 손상(serious prejudice)을 의미함.

상계관세 countervailing duty

수출국이 지급한 보조금의 효과를 상쇄하기 위하여 수입국이 보조금의 지원을 받은 수입품에 대해 부과하는 관세. GATT 제6조 및 WTO 보조금 및 상계조치에 관한 협정(Agreement on Subsidies and Countervailing Measures)에 의해 인정되고 있음.

상당한 분야별 대상범위 substantial sectoral coverage

WTO GATS상 지역경제통합(RTA)의 요건 중 하나. 즉, 통합협정의 서비스 분야별 대상범위가 상당한 범위에 해당되어야 한다는 것. 대상범위의 규모나 정도는 분야의 수, 영향을 받는 무역량 그리고 공급형태 등을 통해서 결정되며, 어떤 경우라도 특정 공급형태를 사전에 제외해서는 안 됨.

상소기구 Appellate Body

WTO 분쟁해결절차 양해(DSU)에 의해 설립된 7인으로 구성된 상설기구로 패널 사안에 대한 분쟁당사국의 상소를 담당함.

상업적 주재 commercial presence

서비스 거래의 한 형태(모드 3)로서, 서비스 공급자가 소비자의 국가에 자회사, 합작투자회사, 지사 등을 설립하거나 기존 국내기업을 인수하여 현지에서 서비스를 공급하는 형태임.

상품무역이사회 CTG(Council for Trade in Goods)

WTO 무역에 관한 주요 분야별 이사회(3개) 중 하나. 무역 원활화에 대해 회원국의 의견을 수렴하고, 비정부기관(NGO)과 여타 국제기관에서의 논의 상황을 점검하는 등 상품협정과 관련된 이슈를 주요 의제로 다룸. 상품무역이사회 산하에는 특정 분야(농업, 시장접근, 보조금, 반덤핑조치 등)를 다루는 11개 위원회가 있음.

상품신용공사 CCC(Commodity Credit Corporation)
미국정부가 소유하고 운영하는 기관으로서 미국 농무성(USDA)산하에 있음. 상품신용공사는 농가소득과 가격의 안정, 지원 및 보호를 위해 1933년 최초 설립되었으며, 상품신용공사는 융자, 구매, 보상 및 기타 활동을 통해 농산물의 가격을 지원하고, 농산물의 생산 및 유통에 필요한 시설과 물자를 지원하며, 또한 다른 정부기관이나 외국정부에게 농산물을 판매하거나 국내·외국·국제구호기관에게 식량원조를 하는 권한을 가지고 있음.

상한 설정 capping
관세를 감축할 때 일정 수준 이상 관세를 설정할 수 없도록 상한치를 설정하는 것

상호인정 Mutual Recognition Arrangement
개별 국가의 기준, 자격, 면허요건 및 절차 등을 상호 인정하는 2개국 또는 복수국가간 협정으로, 상품·서비스·전문직 분야 등에 적용됨. 상호인정협정 체결시 비관세장벽의 제거로 교역이 활성화될 수 있으나, 협정 당사국들이 유지하고 있는 기준, 자격, 면허 요건 및 절차 등 관련 제도간의 동등성 확보를 위한 집중적인 협상 선행 필요

상호인정협정 MRA(Mutual Recognition Agreement)
상대국가에서 실시한 제품, 공정, 서비스의 적합성평가결과 및 절차를 자국에서 실시한 것과 동등하게 받아들이는 협정으로 중복적인 시험의 방지, 불필요한 규제비용 절감, 교역을 위한 시장접근의 용이성 향상 등의 효과가 있음.

※ MRA 가입현황
현재 우리나라가 체결한 정부간 MRA는 전기용품 및 통신장비 분야에 대하여 미국, 캐나다 등 5개 국가와 체결하였음

대상 국가	분야	범위	체결시기	비 고
캐나다	통신장비	시험성적서	1997	APEC-TEL MRA
미국	통신장비	시험성적서	2005	APEC-TEL MRA
싱가포르	전기용품	인증서	2005	FTA/MRA
베트남	통신장비	시험성적서	2005	APEC-TEL MRA
칠레	통신장비	시험성적서	2008	APEC-TEL MRA

상호접속 interconnection
통신서비스 사업자간 통신망을 연결(linking)토록 함으로써, 서로 다른 사업자의 이용자간에 통신이 가능하도록 하는 것. 예를 들어 시내전화 가입자와 이동전화 가입자간에 통화를 위해 KT(시내전화)와 SKT(이동전화)가 통신망을 서로 연결(접속)하고 있음.

상호주의 reciprocity
일방 정부가 수입을 저해하는 관세나 기타 무역장벽을 낮출 경우 타방 정부는 일방 상대국에 대해 이와 유사한 수준으로 양허해야 한다는 WTO 관행이나 상호주의가 협정체결의 요건은 아님. 상호주의에 따른 교섭결과는 최혜국대우(MFN)에 따라 모든 WTO 회원국에게 확대 적용되어야 함.

생물 다양성에 관한 협약 CBD(Convention on Biological Diversity)
1992년 6월 5일 체결되어 1993년 12월 29일 발효. 동 협약은 생물학적 다양성 보호, 이러한 다양성의 안정적 이용, 유전적 자원의 이용에서 비롯되는 혜택의 공평하고 동등한 분할, 점유 등을 목표로 하고 있음.

생산 비연계 소득지원 decoupled income support
농업협정 부속서 2에 규정된 허용보조(Green Box)의 하나로 생산과 관계없이 소득을 보조하는 지원

생산자 보조 상당치 PSE(Producer Subsidy Equivalent)
PSE는 일정 시점에서 농정의 결과 소비자 및 납세자로 부터 생산자에게 전가된 금액 즉, 농정과 관련하여 품목별로 투입물과 산출물에 대한 보조의 총화폐금액을 측정하는 것. 따라서 현재 시행중인 농업정책의 중단시 발생하는 생산자의 소득 손실액을 지칭하며, 이는 정부개입시와 정부개입이 없을 때에 가상적인 상태간의 비교임. 여기에는 정부지출이 수반되는 농민에 대한 보조와 저리융자, 세금감면 등 정부지출이 수반되지 않는 농민에 대한 보조도 포함됨.

서비스 무역에 관한 일반협정 GATS(General Agreement on Trade in Services)
1980년 들어 서비스교역은 급격히 증가하는 추세를 보였으나, 이를 포괄적으로 규율할 수 있는 다자간 규범의 부재로 교역국간에는 각국의 무역장벽을 둘러싸고 많은 논란이 있어 왔음. 따라서 우루과이라운드협상에서 서비스교역의 장벽을 제거하고 서비스교역의 자유화를 가속화하기 위한 다자간 규범으로 GATS를 제정하기에 이름. 서비스교역의 자유화를 기본이념으로 삼고 있는 GATS는 서문으로 시작하여 총 6부 29개 조항과 8개의 분야별 부속서로 이루어져 있음. 양자간 항공분야 및 정부당국이 구매 또는 판매하는 서비스 즉, 정부조달(government procurement) 등을 제외한 모든 서비스를 규율함. GATS 협정은 상업적 주제를 서비스거래형태에 포함시킴으로써 형식적으로는 투자에 관한 대표적인 협정이라고 할 수 있으나 아직은 불완전한 규율력을 갖는 데 그치고 있음.

서비스무역이사회 CTS(Council for Trade in Services)
서비스관련 WTO 협정 준수사항을 감시함.

서비스의 공급형태 modes of delivery
한 가지 형태의 물품 공급 형태만이 가능한 상품 분야와는 달리, 서비스 분야의 경우 국가간에 거래가 일어날 수 있는 방식을 GATS 협정에서 4가지 형태(mode)로 구분.
- mode 1 (cross-border supply; 국경간 공급) : 서비스 공급자(=수출자) 및 서비스 소비자(=수입자)가 각각 자기 나라에 머물면서 internet, fax를 통해 서비스만 국경을 넘어 공급하는 방식
    - 예) 인터넷을 이용한 전문직 서비스 제공(경영컨설팅, 법률자문, 건축설계 도면제공), 국제화물운송, 통신 등
- mode 2 (consumption abroad; 해외소비) : 서비스 소비자(=수입자)가 서비스 공급자(=수출자)가 머무르고 있는 국가로 이동(여행이나 출장)하여 서비스를 제공받는 방식
    - 예) 여행, 해외유학, 해외진료, 해외여행 중 식당 이용이나 이발, 해외에 출장을 가서 법률자문이나 경영 컨설팅을 받는 경우
- mode 3 (commercial presence; 상업적 주재) : 서비스 공급자(=수출자)가 있는 국가에서 서비스 소비자(=수입자)가 있는 국가로 자본이 이동(=외국인투자) 하여 외국인투자 기업(지점, 사무소 포함)이 주재하면서 서비스를 제공 하는 방식
    - 예) 모든 서비스의 경우 가능
- mode 4 (movement of natural person; 자연인의 이동) : 서비스 공급자 (=수출자)가 서비스 소비자(=수입자)가 있는 국가로 이동(출장)하여 서비스를 제공하는 방식
    - 예) 외국 법률회사나 컨설팅회사의 직원이 출장을 와서 자문서비스를 해주는 경우, 외국 가수의 내한공연 등

서비스의 국경간 공급 Cross-border supply
한 국가에 위치한 서비스 이용자가 그 나라에 있으면서 다른 국가에 위치한 공급자로부터 서비스를 직접 공급받는 경우. 즉, 소비자와 서비스 제공자가 각자 다른 국가에 거주하면서 국경을 넘나드는 서비스를 제공하고 이용하는 형태. 국경간 이동이 있는 국제통신서비스, 설계서비스, 국제운송부터 전자상거래나 위성에 의한 방송서비스, 인터넷에 의한 법률서비스, 데이터베이스서비스, 정보처리서비스 등

선로 설치권 Rights of Way
통신망 구축 선로 등을 이용할 수 있는 권한

선발명주의 First to Invent Principle
선출원주의에 대립하는 개념으로 출원일자에 관계없이 실제 발명을 먼저 한 자에게 특허권을 허여하도록 하는 제도

선별성 selectivity
세이프가드협정상 수입제한조치 부과시 실질적 공급국과의 약정을 통해, 또는 최근 기간동안의 각국 공급량에 따라 수입쿼터를 배정하는 것이 일반 원칙임. 그러나, 동 협정 제 5조 2항(b)는 특정국가로부터의 수입이 과거 일정기간 동안 불균형적으로 증가하였을 경우 예외적 배정을 허용하는 데 이를 선별성이라고 함.

선적전검사 PSI(Preshipment Inspection)
수입물품의 품질, 수량, 거래가격의 적정성 여부 등을 수입국 정부가 지정한 검사기관이 선적 전에 수출국 현지에서 검사하고 동 검사 결과에 따라 수입국 도착후 통관처분하거나 일정한 관세를 부과하는 제도. WTO 선적전검사에 관한 협정이 이에 대해 규율하고 있음.

선출원주의 First to File(Apply) Rule(System)
최선 출원자에게 권리를 허여하는 주의.
  Cf. 선발명주의

선하증권 B/L(Bill of Lading)
화물이 본선에 적재되었음을 증명하는 서류로서 양도가능한 유가증권. 선주가 화주로부터 의뢰 받은 운송 화물을 적재하고 또는 선적을 위하여 그 화물을 수취한 것을 증명하고, 이것을 해상운송하여 수입항 도착항에서 일정조건하에 수하인이나 그 지시인에게 인도할 것을 약정한 것.

선형관세인하방식 linear tariff reduction
관세인하방식중의 하나로 관세인하 대상품목의 관세율을 동일한 비율로 인하하는 방식으로서 케네디라운드에서 처음 도입되었음.

설비병설 Collocation
접속을 제공받는 자가 접속을 실시하기 위한 필요 장치 설치를 위하여 없어서는 안될 국사상면(통신국사 내의 공간) 등의 장소를 제공 받는 것을 의미함. Virtual Collocation이라 함은 공간적 제약 등으로 물리적 국사상면의 제공이 불가능 할 경우, 가상적 방법으로 제공하도록 함.

섬유 및 의류에 관한 협정 ATC(Agreement on Textiles and Clothing)

섬유 교역에 대한 수입 규제(쿼터)를 단계적으로 철폐하여 섬유류 교역을 자유화하기 위해 체결된 WTO 협정의 하나. 제1단계에서는 WTO 회원국이 1995년 1월 1일에 1990년 총 수입량을 기준으로 최소한 16%를, 제2단계에서는 1998년 1월 1일을 기하여 최소 17%를, 제3단계에서는 2002년 1월 1일을 기하여 최소 18%를 수입자유화하고 2005년 1월 1일 부터는 나머지 모든 품목의 교역을 완전히 자유화하도록 되어 있음.

섬유감독기구 TSB(Textile Surveillance Body)

다자간 섬유협정 체제하에서 존재하였던 TMB의 전신

섬유감시기구 TMB(Textile Monitoring Body)

WTO 섬유 및 의류에 관한 협정(Agreement on Textiles and Clothing)의 이행을 감독하기 위해 설립된 기구. 섬유 및 의류에 관한 국제교역을 WTO체제 내로 편입시키기 위해 협정 이행 진전 상황을 2005년까지 정기적으로 상품 교역이사회(Council on Trade in Goods)에 보고하는 것이 주요 임무 중의 하나였음.

섬유류 통관협력 Customs Cooperation For Textile and Apparel Goods

미측이 체결한 FTA에서 섬유무역관련조치의 시행 또는 지원, 원산지의 정확성 제고 및 검증, 섬유무역관련 국제협정 이행 지원 및 섬유무역관련 불법행위 방지를 목적으로 통관절차상의 협력조항을 반영해오고 있음. 특히 수출업 목록의 유지 및 제출, 수출기업의 생산기록 유지, 섬유제품 원산지 입증을 위한 제도수립 및 유지 등의 사항을 규정하고 있음.

섬유 및 의류에 관한 협정 ATC(Agreement on Textiles and Clothing)

섬유 교역에 대한 수입 규제(쿼터)를 단계적으로 철폐하여 섬유류 교역을 자유화하기 위해 체결된 WTO 협정의 하나. 제1단계에서는 WTO 회원국이 1995년 1월 1일에 1990년 총 수입량을 기준으로 최소한 16%를, 제2단계에서는 1998월 1월1일을 기하여 최소 17%를, 제3단계에서는 2002년 1월 1일을 기하여 최소 18%를 수입자유화하고 2005년 1월 1일 부터는 나머지 모든 품목의 교역을 완전히 자유화함.

섬유원료기준 Fiber Forward

최종제품이 사, 직물 또는 의류인 경우, FTA 체결국 내에서 원사를 방적하여 직물을 짜고(제직·편직), 의류를 재단·봉제할 것을 요구하는 원칙.

☞ 단일실질변형기준 참조

세계관세기구 WCO(World Customs Organization)
관세절차를 단순화, 합리화하는 것 등을 목적으로 하는 국제기구. 브랏셀에 소재. CCC(Customs Cooperation Council)의 후속기구

세계동물보건기구 World Organizaion for Animal Health
동 기구는 1924년에 설립된 정부간 기구로서 동물의 검역에 관한 국제규범을 제정하고 관리하는 기구임. 현재 본부는 프랑스 파리에 있음.

세계무역기구 WTO(World Trade Organization)
관세 및 무역에 관한 일반협정(GATT)과 동 협정 사무국을 승계한 국제기구. 자유·공정무역의 기능을 더욱 강화하고 WTO 협정의 이행을 감독하여 상품, 서비스, 지식재산권 등 모든 교역 분야에서 자유무역질서를 확대하기 위해 1995년 1월 1일 출범. 기존의 GATT가 단순히 계약, 협정 형태로 되어 있어 회원국들이 GATT상의 의무를 효과적으로 이행시키지 못했던 점을 감안, 약속이행의 감시 등 회원국들의 의무이행을 강력히 뒷받침할 수 있는 기능을 갖춘 국제기구. WTO의 설립목적으로는 ① 국제무역 불균형에 따른 보호주의 및 지역주의에의 대처, ② 국제교역 구조의 다양화에 따른 국제규범보완 제정의 필요성 증대, ③ GATT 체제 자체의 한계에 대처하기 위해 국제교역분야를 규율할 수 있는 국제기구 설립의 필요성 등임. WTO는 GATT와는 달리 법인격(Legal Personality)과 기능 수행을 위해 필요한 사법적 권한을 보유. 2013년 3월 현재 회원국은 159개국.

세계무역기구 무역정책검토 WTO Trade Policy Review
각국의 무역정책과 관행에 대한 투명성제고 및 이를 통한 다자간 무역체제의 기능 강화를 위하여 이루어지는 다자간 검토. 교역규모가 큰 상위 4개국(미국, 중국, EU, 일본)은 2년, 5위에서 20위까지(한국, 호주 등 포함)는 4년, 기타국가는 6년을 주기로 하여 각국의 무역정책을 검토하고 있음.

세계무역기구 보조금 및 상계조치협정 WTO SCM(Subsidies and Countervailing Measures) Agreement
정부에 의해 지원되는 보조금의 정의와 특정성(specificity)이라는 개념이 포함되어 있음. 즉, 보조금을 부여하는 회원국의 관할권 내에 있는 어느 기업이나 기업그룹, 또는 산업그룹에만 한정하여 특정하게 보조금을 지급하는 경우로 그 대상이 한정되어 있음.

세계식량이사회 WFC(World Food Council)
1974년 12월 UN 총회 결의로 정식 설립됨. 식량원조, 식량교역, 식량안보 및 생산정책 등을 조정할 목적으로 설립되었음.

세계지식재산권기구 WIPO(World Intellectual Property Organization)
지식재산권 보호와 이를 통한 혁신과 경제개발의 조장을 책임지고 있는 주요 정부간 기구. WIPO 설립협약에 의해 설치된 UN 전문기구중의 하나로, 1974년 지식재산권 보호와 이를 통한 혁신과 경제개발의 조장을 책임지고 있는 주요 정부간 기구. WIPO가 관장하는 2개의 중요한 협정은 산업재산권 보호에 관한 파리 협약(Paris Convention for the Protection of Industrial Property), 문학 및 예술 저작물 보호를 위한 베른 협약(Berne Convention for the Protection of Literary and Artistic Works) 등임. 사무국은 제네바에 소재.

세번 tariff heading
관세율표상 분류된 상품 번호. 6단위까지는 국제적으로 공통으로 사용되며 그 미만은 나라마다 다름.

세번 변경 change in tariff heading
원산지 판정시 사용되는 원칙으로서 B라는 국가에서 나온 원료로 A국에서 실질적으로 상이한 제품으로 만들어져 세번이 변경된 경우 A국의 제품으로 간주됨.

소규모 도서개도국 SIDS(Small Island Developing Country)
소규모 도서국가로 특별한 상황에 처해 있는 개도국을 지칭

소급효배제규정
협정발효시점 이전 발생했던 조치나 사실 또는 발효시점 이전에 존재하지 않게 된 상황은 투자협정 적용에 있어 당사국을 구속하지는 않는다는 조항.

소득보험 및 소득안전망 계획 income insurance and income safety-net programs
WTO 농업협정상 생산자에 대한 직접지불형태의 재해보험적 성격의 보조. 허용대상 보조가 되기 위해서는, 그 수혜대상이 농업으로부터 파생되는 소득 중에서 이전 3개년 또는 이전 5개년 중 최고치와 최저치를 제외한 3개년 평균 총수익 또는 순소득

기준으로 30%를 초과하여 손실을 입은 농가여야 함. 보상수준은 수혜년도의 생산자 소득손실의 70% 미만을 보상하며, 생산자가 동일 년도에 자연재해보상을 받는 경우를 포함하여 총소득손실의 100%를 초과할 수 없도록 규정됨.

소스 코드 source code
컴퓨터의 프로그램을 기록하고 있는 텍스트 파일로서 시스템 소프트웨어나 응용프로그램(application program) 등 컴퓨터 프로그램이 작용하는 경로를 기록한 코드 혹은 그 설계도

소액관세 nuisance tariff
관세액이 너무 적어 과세에 드는 비용이 과세액 이상인 경우와 아무런 보호효과를 가지지 못하는 관세를 지칭함

소해면상뇌증 BSE(Bovine Spongiform Encephalopathy)
소에서 발생하는 만성 신경성 질환으로, 변형 프리온 단백질의 감염으로 신경세포의 공포변성과 중추신경의 해면상 변화가 특징으로 긴 잠복기와 불안, 보행장애, 기립불능, 전신마비 등의 임상증상을 보이다가 결국은 폐사되는 치명적인 진행성 질병

수량제한 QR(Quantitative Restriction)
쿼타란 일정기간(보통 1년)동안에 특정상품에 정해진 수량(또는 가액)만큼만 수입될 수 있도록 하는 일종의 행정명령으로서 그 한도를 넘는 수입은 어떠한 가격하에서도 금지하는 쿼타제도 남용이 국제무역이 침체되는 원인이 되자, GATT 발족이후 최대의 노력이 수량제한의 철폐에 주어졌음. 수량제한에 대한 의무를 규정한 GATT조항은 제11조에서부터 제14조까지 4개 조하임. 제11조에서는 수량제한의 일반적 금지 의무를 규정하고 있으며, 제12조와 14조에서는 국제수지방어를 위한 예외사항을 규정하고 있음.

수입권 공매 quota auction
WTO 농업협정에 의한 시장접근물량의 관리에 있어 동 수입권을 높은 응찰가격을 제시한 무역업자에게 낙찰시키고 그 이익금을 정부가 환수하는 제도. 국내외 가격차가 큰 품목에 대해 소수의 특정업체가 폭리를 취하는 것을 방지하고 국내 시장질서를 확립하는 것을 목적으로 하고 있음.

수입면허
세관에 대한 수입신고가 적법이고 검사의 결과 화물과 신고서의 기재가 합치되어 있다고 확인되면 유세품(有稅品)인 경우 관세가 납입된 때에 수입 할 것을 허용하는 행정 행위

수입부과금 Mark-up
수입물품의 판매가격에서 수입, 판매에 소요된 총비용을 공제한 수입이익금. 우리나라가 WTO에 제출한 이행계획서상에 따르면 97개 품목은 국영무역운영과 Mark-up 징수가 가능하도록 되어있음. Mark-up을 부과하여 국내시장에 판매하므로 시장접근물량 수입품의 국내가격이 현행 수준에서 유지되어 국내생산 농가를 보호할 수 있고 또한 수입이익금을 정부관련기금에 납입하여 생산자 지원이 가능하게 됨.

수입신고 수리전반출 Release prior to Acceptance of Declaration
수입신고를 한 물품에 대하여 수입신고수리가 완료되기 전에 일정한 요건이 있는 경우 물품이 장치된 장소로부터 관세상당액의 담보를 제공하고 물품을 먼저 반출하도록 세관장의 승인을 받는 것.

수입제한 import restrictions
수입물량을 줄이는 효과를 발생시키는 모든 종류의 정부조치

수입쿼터 import quotas
수량 제한의 일종으로 일정 물량이상의 수입을 금지하는 제도

수입할당 quota
특정상품에 대해서 일정기간 동안(보통 1년)에 정해진 수량(가격) 만큼만을 수입될 수 있도록 한 일종의 행정명령으로서 그 한도를 넘어선 수입은 어떠한 가격하에서라도 금지되는 수량제한의 대표적 조치. 그 종류에는 총량쿼타(Global quota), 쌍무쿼타(Bilateral quota), 관세할당(Tariff quota) 등이 있음.

수입허가 import licensing
WTO 수입허가절차에 관한 협정(Agreement on Import Licensing Procedure)에 의하면, 수입허가란 수입의 조건으로 관계 행정기관에 신청서나 기타 서류(관세 부과 목적을 위해 요구하는 신청서나 서류는 제외) 제출하도록 요구하는 행정 절차

수직적 접근방식 vertical approach

비농산물 시장접근 협상의 비관세장벽 논의시 거론되는 방식 중의 하나로 특정 산업을 선정하여 선정된 산업 내에서 발견되는 비관세장벽 해결 방법을 논의하는 것을 의미함. 모든 회원국이 참여할 수도 있으나 산업별로 논의하는 만큼 특정산업에 이해관계가 많은 회원국들만이 참여할 가능성이 높음.

수출경쟁 Export Competition

UR 농산물협상에서 다루었던 시장접근, 국내보조, 수출보조 등 3개 의제중의 하나로 농산물 수출관련 각종의 보조 및 지원조치 모두를 망라해서 이의 금지 및 감축을 다루는 분야

수출보조 Export Subsidy

정부가 상품 수출자의 수출실적이나 수출 조건을 기준으로 수출업자나 생산자에게 재정에서 직간접으로 지원하여 주는 각종 혜택(융자 및 무상지원 등)을 의미함. 이런 수출보조는 UR협상결과에 따라 농산물에 적용되는 기준(농업협정)과 공산품 및 수산물에 적용되는 기준(보조금·상계관세)이 다르게 협상이 종결되었음. 농산물의 경우는 수출이행을 조건으로 한 직접보조, 수출유통비용 절감지원, 수출수송비 지원, 수출상품의 원료농산물에 대한 보조 등은 감축대상에 해당되도록 했음. 반면, 공산품과 수산물의 경우는 수출연계 및 수입대체성이 있는 정부지원은 금지하고 있음.

수출보험 Export Insurance

수출보험이란 상품수출, 해외투자, 해외건설공사 등 대외경제 거래에 수반되는 각종 위험중 해당보험만으로는 도저히 보상될 수 없는 위험, 즉 외국에서의 전쟁, 혁명, 정변, 내란, 외환거래의 제한 및 금지, 수입제한 등 비상위험(Political risk) 수출계약의 파기, 수출불능, 수출대금의 회수불능 및 지체 등 신용위험(Commercial risk)으로 부터 수출업자, 수출품 생산자, 수출자금지원 금융기관, 해외투자자 등을 보호하기 위하여 마련된 비영리정책 보험제도를 말함. 농업협정의 적용을 받고 있는 이러한 제도는 단지 농산물 수출에 지원되는 제도만을 적용대상으로 하고 있음.

수출성과부요건 export-performance measure

자국에 대한 외국인투자를 허용하는 국가가 자국의 수출증대를 목적으로 부과하는 조건으로 외국인투자기업이 생산량의 일정물량 또는 일정금액을 수출하도록 하는 것.

수출세 export tax/tariff

물품 수출시에 부과하는 관세를 말함. 주로 원재료에 대해 부과되며 수출에 부담을 줌으로서 원재료를 이용한 생산을 국내에서 하도록 하기 위한 것임.
수출세를 부과해도 수출에 영향이 없는 독점생산품이나 유력한 재원이 될 수 있는 물품에 대해 부과함. 브라질의 커피에 대한 수출세 부과, 자원수출국의 부존자원에 대한 수출세 부과 등이 대표적임.

수출신용 Export Credits

일반적으로 수출금융이라 하면, 상품 및 용역의 수출을 촉진하기 위하여 외국환은행이 취급하는 모든 종류의 여신을 말하며, 여기에는 수출업자에 대한 수출자금대출, 수출품 생산업자에 대한 생산자금대출, 금융기관에 대한 각종 보증 및 보험 등이 포함됨. 수출신용(Export credit)이란 상품 및 용역의 수출을 지원하기 위하여 필요한 자금을 융자하는 제도로서 융자기간에 따라 단기 수출신용과 중장기 수출신용으로, 지원대상자에 따라 공급자 신용과 구매자 신용으로 구분됨.

수출신용보증 Export Credit Guarantee

수출신용보증이란 수출업체의 거래은행에 대해 수입업자측 은행이 대금지급을 거절하는 경우 정부가 지불할 것을 보증하는 것으로써 이러한 보증제도는 수출업체나 거래은행의 위험을 감소시킴으로써 보다 적극적으로 수출활동에 나설 수 있는 환경이 조성될 수 있음.

수출신용보증계획 Export Credit Programme

미국 상품신용공사(CCC)의 수출신용보증제도는 주로 곡물의 수출확대를 위해 수년동안 이용되고 있는 제도임. 이것은 두 가지 형태로 나눌 수 있는데 ① 최장 3년동안 신용을 보증하는 단기수출신용보증제도(GSM-102), ② 신용보증기간이 3년에서 10년인 중기수출신용보증제도(GSM-103)임. 이 제도는 금융기관의 융자에 대해 신용을 보증해 주는 것으로 여기에는 상품신용공사가 직접 융자해 준 것은 포함되지 않음. 수출신용보증제도는 WTO 농산물협정에 의해 제한을 받지 않으므로 직접수출보조금의 감축에 따라 미국은 수출확대를 위해 WTO 농산물협정에 의해 제한을 받는 수출보조금 대신에 수출신용보증제도를 이용하는 방법을 고려하고 있음. 이것은 특히 곡물, 유지작물 및 기타 품목이 또 다시 과잉 생산되어 각국의 치열한 수출경쟁을 야기할 경우에 주시해야 할 중요한 분야가 될 것임.

수출자율규제 VER(Voluntary Export Restraints)

VRA와 유사한 개념으로 수입국이 수입제한 조치를 취하지 않고 수출국 스스로 수출물량을 제한하는 조치. 미국, EC 등 선진국들이 주로 신흥공업국들의 주종 수출품목인 철강, 전자제품, 자동차, 신발 등에 대하여 양자간 협상을 통하여 수입을 제한하는 수단으로 쓰였으며, 이는 발동여건이 엄격한 GATT 제19조 (긴급 수입제한 조치)를 회피하는데 그 목적이 있었음. WTO 출범에 따라 1998년까지 철폐하거나 WTO 세이프가드협정에 일치시켜야 했음.

수출증대프로그램　EEP(Export Enhancement Program)

1985년 미국이 도입한 보조 프로그램으로 쌀, 가금육 등의 특정 농산물을 특정지역에 수출하는 업체에 대해 장려금을 지급하는 제도. 당초 EU의 CAP에 따른 보조금 지급에 대응하여 미국의 해외농산물 시장을 유지하려는 목적에서 시행

수퍼 301조　Super 301

불공정관행을 규제하는 대표적인 통상규제조치로서 일반 301조가 품목별, 분야별로 협상을 진행시키기 때문에 교역 상대국의 불공정관행을 제거하는 데 효과적이지 못했다는 반성에 따라 인정된 절차. 교역상대국에 대해 보다 포괄적인 시장개방요구를 할 수 있도록 되어 있으며, 1988년 종합통상법에 의해 도입. USTR은 무역장벽에 관한 연차보고서를 작성하여 이를 대통령 및 의회에 제출하고 30일 이내에 동보고서에서 언급한 무역장벽관행 중 우선관심관행, 우선관심국가를 지정하여 의회에 보고하여야 함. 우선국과 관행을 지정한 후 21일 이내에 이에 대한 301조 조사를 개시함. 수퍼 301조는 조사개시절차에 관해서만 특별규정을 두고 있을 뿐 협의와 보복조치의 결정 및 집행에 관하여는 일반 301조의 규정을 그대로 적용하고 있음. 일반 301조의 경우에는 이해관계인의 제소에 의해 조사가 개시됨에 비해 수퍼 301조는 그러한 제소 없이 USTR에 의한 우선국과 우선관행 지정이 있으면 바로 조사가 개시된다는 점에서 일반 301조보다 경직성 및 일방적 성격이 강함.

수평적 양허　horizontal commitments

GATS에 부속된 WTO 회원국의 양허표의 구성요소로 양허표에 포함된 모든 서비스무역에 적용됨. 일반적으로 이러한 약속에는 투자, 기업구조의 형성, 토지 취득, 인력이동 등이 해당됨.

수평적 이슈　horizontal issues

모든 분야에 공통적으로 해당되는 문제

수평적 접근방식　horizontal approach

비농산물 시장접근(NAMA) 협상의 비관세장벽을 논의할 때 주로 거론되는 협상방식 중의 하나로 품목이나 산업 분야에 관계없이 장벽별로 논의하는 방식을 의미함. 기술장벽, 통관절차, 수입규제 등 품목을 불문하고 비관세장벽 자체의 내용에 따라 논의하는 방식

순원가법　Net Cost Method

미국 등의 국가가 엔진, 자동차부품 등 특정 자동차 품목에 대하여 적용하는 부가가치 계산방식으로, 아래와 같이 물품의 순원가에서 비원산지 재료비를 공제하여 계산함.

$$RVC = \frac{NC - VNM}{NC} \times 100(\%)$$

(RVC: 역내 부가가치, NC: 순원가, VNM: 비원산지 재료비용)

슈퍼펀드　Super Fund

1980년 12월 미의회에 의해 제정된 '종합적 환경 대응, 보상, 책임법(The Comprehensive Environmental Response, Compensation, and Liability Act; CERCLA)'으로 1986년 10월 개정되었으며, 일반적으로 '슈퍼펀드'로 알려져 있음. 동법은 화학, 석유산업에 조세를 창설하여 연방기구가 공공보건이나 환경을 위협할 수 있는 유해물질 방출에 직접적으로 대응하도록 함. 이후 약 5년간 16억불이 징수되어 방치되거나 통제불가능한 유해폐기물 부지 청소를 위한 신탁기금이 창설되었으며, 신속한 대응이 필요한 단기적 조치 및 유해물질방출과 관련된 위험을 장기적으로 감소시킬 수 있는 장기적 복구 대응조치 등 두 가지 대응조치를 규정

스위스 공식　Swiss Formula

높은 관세일수록 더 많이 감축하는 관세 감축 방식의 하나. DDA NAMA 협상은 공식에 따라 현재의 양허관세를 감축하는 방식을 따르고 있기 때문에 공식의 형태가 협상후 관세를 결정하게 됨. 스위스 공식의 경우에는 계수(coefficient)의 크기에 따라 관세의 상한과 감축률이 결정됨.

$$t_1 = \frac{A \times t_0}{A + t_0} \quad A = 계수 \quad t_1 = 공식적용후 관세율$$
$$t_0 = 공식적용전 관세율$$

공식적용후 관세율은 A이하로 수렴

* A가 상수가 아닌 각국의 평균관세율을 반영하는 공식은 지라르(Girard) 공식 또는 ABI(아르헨티나, 브라질, 인도) 공식이라고 불림

스파게티 볼 효과　Spaghetti-bowl effect

자유무역지대의 양산에 따른 무역규칙의 복잡성을 표현하기 위해 바그와티(Bhagwati)와 파나가리아(Panagaryia) 교수에 의해 사용된 용어. 이의 전형적인 예로는 각 자유무역지대에 있어 다른 원산지 규정(rules of origin)의 존재를 들 수 있음.

스페셜 301조 Special 301

1988년 미 종합무역법(United States Omnibus Trade and Competitiveness Act)에 규정된 것으로 USTR로 하여금 미국의 지식재산권에 대한 적절하고 효과적인 보호를 거부하거나, 지적재산권 보호를 추구하는 자에 대한 공정하고 공평한 시장접근을 거부하는 외국을 상대로 매년 조사를 할 수 있도록 하는 조항임. 미국산 상품에 대해 실제적으로나 잠재적으로 매우 부정적 충격을 가져다 줄 수 있는 국가는 우선협상대상국(priority foreign countries)으로 지정됨.

승객정보사전확인제도 APIS(Advance Passenger Information System)

탑승자를 사전에 확인하여 소수의 우범성있는 여행자는 출입국관리사무소의 협조를 받아 확인하여 세관검사를 엄격히 실시하고 대부분의 선량한 여행자는 세관검사 생략하여 신속한 입국절차가 이루어지도록 지원하는 제도

시장개방요구서 request

양허 협상시 일방 참가국이 다른 참가국에게 요구하는 교역 자유화 목록. 상대국가에 대한 관세율 인하 내지 개방요구를 담고 있음.

시장개방요청 및 제안방식 R/O(Request & Offer)

양허협상에 있어서 개별국가끼리 관심 있는 품목을 상호 제시하여 품목별로 관세율 인하, 개방 업종 등을 협상하는 방식. DDA 협상에서는 서비스협상에서 동 방식이 사용되고 있으나, 동 방식에 의한 협상이 비효율적이라는 지적이 있어서 다자적인 방식을 도입해야 한다는 논의가 있음.

시장접근 MA(Market Access)

상품이나 서비스 판매업자가 그 상품이나 서비스를 수요하는 시장에 접근할 수 있는 권리를 의미하며, 특히 서비스의 경우에는 서비스 공급자가 원하는 공급형태에 따라 외국 서비스시장에 진입하는 것을 의미함. 외국제품 및 제품공급자가 국내 시장에서 국내제품 및 제품공급자보다 열악하지 않은 대우를 받을 수 있도록 보장하는 원칙. 즉, 상품이나 서비스 판매업자가 그 상품이나 서비스를 수요하는 시장에 접근할 수 있는 권리를 의미함. 최근에는 시장접근의 개념이 너무 협소하므로, 점더 광범위한 개념인 시장참여(Market presence)로 대치되어야 된다는 주장도 있음. 농산물시장개방과 관련해서는 현행 시장접근(CMA)과 최소시장접근(MMA)이라는 개념이 사용되고 있음.

시청각서비스　audiovisual services

영화, 비디오테이프의 생산 및 유통, 영화상영, 라디오 및 TV 프로그램 제작 및 전송, 음반 녹음 등의 서비스

시카고 협약　Chicago Convention

안전하고 질서 있는 국제 항공서비스 체제를 촉진할 목적으로 1994년에 타결된 국제 민간항공 협약. 동 협약의 규정들은 범지구적 항공체제의 근간이 되는 양자간 항공 운수권의 배분 방법을 규율하고 있음. 동 협약은 몬트리올에 있는 국제민간항공기구(ICAO)에 의해 시행됨.

식량순수입개도국　NFIDC(Net Food-Importing Developing Countries)

1996년 WTO 농업위원회에서의 결정사항으로, 제시할 수 있는 최근 5년 중에서 특정 3개년간의 기초식량(basic foodstuffs)의 순수입국(net importer)인 개도국 회원국을 식량 순수입 개도국으로 지정

식량원조　food aid

경제적 빈곤, 자연재해 등으로 자체적으로 식량을 조달하기 어려운 국가들에 대한 지원. 식량원조가 잉여 농산물 처분을 위한 수출보조로 악용되지 않아야 하며, 이로 인해 상업적 거래가 위축되어서는 안된다는 원칙 하에서 논의가 진행중임.

식품의약품국　FDA(Food and Drug Administration)

미국 보건사회부의 산하기관으로 독립된 행정기구임. 우리나라 식약처가 이와 같은 역할을 수행. 미국 내에서 생산되는 식품·의약품·화장품뿐만 아니라 수입품과 일부 수출품의 효능과 안전성을 주로 관리하고 있음. 예를 들어 치료약이나 기구는 순도·강도·안전성·효능 등에 대한 FDA 기준을 충족해야만 시판이 가능함. 새로운 의약품은 동물 실험을 거친 뒤 FDA의 인증을 받아야만 함. FDA는 의약품의 안전성이나 효능에 문제가 있다고 판단되면 회수 명령을 내릴 수도 있음.

신고제도　Recordal System

상표권을 침해하는 물품의 효율적인 단속을 위해 상표권자 등으로 하여금 상표권(전용사용권)에 관한 사항을 세관에 신고하게 하는 제도. 상표권신고의 유효기간은 효력발생일로부터 10년으로 하되, 상표권 유효기간이 10년 이내에 만료되는 경우에는 유효기간 만료일까지임. 신고된 상표에 대해서는 세관에서 침해 우려가 있는 수출입 물품에 대해서 권리자에게 통지할 의무가 발생함.

신동반자협정 Partnership Agreement
ACP 국가(아프리카·카리브해·태평양 지역국가)에 대한 EU의 무역특혜 부여 협정

신법 우선의 원칙 lex posterior
신법(later law)이라는 뜻으로 국제협약을 해석하는 데에 통용되는 원칙. 만약에 어떠한 국가가 조항이 서로 상충되는 두 개의 협약을 체결하였을 경우, 나중에 체결한 조항이 전자에 우선한다는 원칙

신속처리 권한 Fast Track Authority
미국 행정부가 모든 권한을 가지고 대외통상협상을 벌인 뒤, 의회는 내용에 대한 수정 없이 단지 이에 대한 가부 투표만을 할 수 있도록 한 권한. 1974년 통상법에 따라 한시적 (20년)으로 운영되다가 1993년 4월 시효가 만료됨. 미 행정부는 신속처리권한을 통해 동경라운드(1979), 미-이스라엘 FTA(1985), 미-캐나다 FTA(1988), NAFTA(1994), 우루과이라운드(1994) 등을 체결함. 최근에는 통상촉진권한(TPA, Trade Promotion Authority)로 불리움.

신속해결절차 HM(Horizontal Mechanism)
비농산물 시장접근 협상의 비관세 장벽분야 제안중 하나로써 비관세 조치 관련 문제를 더욱 신속하고 효과적으로 해결하기 위한 절차

신약
약사법상 국내에서 이미 허가된 의약품과는 화학구조 또는 본질 조성이 전혀 새로운 신물질의약품 또는 신물질을 유효성분으로 함유한 복합제제 의약품

신축성 flexibility
관세감축에 있어서 감축을 보다 적게 할 수 있도록 하는 모든 요소. 예를 들어 이행기간 연장, 공식을 적용한 감축치 보다 적은 감축폭 적용, 예외적인 미양허 인정 등 포괄적인 의미를 담고 있음. 주로 개도국에 대하여 이러한 신축성이 부여됨.

(WIPO)실연, 음반조약 WPPT(WIPO Performances and Phonogram Treaty)
실연, 음반에 관한 저작인접권의 보호를 강화하기 위해 제정. 신연가 인격권의 창설, 고정된 실연, 레코드를 이용 가능케 히는 권리 등을 주요내용으로 담고 있음.

실연자 performer

일반적으로 민간전승 저작물을 포함하여 문학·예술·저작물을 연기, 노래, 구술, 낭송 또는 기타 실연하는 사람으로서 배우, 가수, 연주가, 무용가 등을 의미

실연자, 음반제작자 및 방송사업자의 보호를 위한 국제협약 International Convention for the Protection of Performers, Producers of Phonogram and Broadcasting Organization

실연자, 음반제작자 및 방송사업자의 보호에 관한 국제조약. 1961년 채택되었으며 보호기간은 음반의 경우 고정된 이후부터, 실연과 방송은 실연과 방송된 시점부터 20년임. 고정권, 방송권, 보상청구권 등 최소한의 보호기준 설명에 관한 협약. WIPO가 동 협약을 관리하고 있음.

실질적변형기준 substantial transformation test

실질적 변형을 결정하는데 세계적으로 널리 사용되는 3개의 주요 기준들은 ① 그러한 변형이 HS 코드에 기초한 세번의 변경을 초래하였는지의 여부, ② 그 변형으로 인한 부가가치가 일정비율에 해당하는지 그리고 ③ 그 변형이 특정 제조 공정을 사용하여 발생한 것인지의 여부 등

실행관세율 applied tariff rates

통관당국이 실제로 국경에서 부과하는 관세율로서 무역협상 결과에 의한 국가별 양허표(tariff schedules)상의 관세인 양허관세보다는 낮은 것이 일반적

심각한 손상 serious prejudice

보조금지급에 의한 부정적 효과(adverse effects)의 하나. WTO 보조금 및 상계조치에 관한 협정 제6.1조는 심각한 손상(serious prejudice)으로 간주되는 상황을 ① 물품가액 기준으로 총보조비율이 5%를 초과하는 경우, ② 특정산업이 입은 영업손실을 보전하기 위한 보조금, ③ 특정기업이 입은 영업손실을 보전하기 위한 보조금(다만 비반복적이며 당해 기업에 되풀이 될 수 없으며 장기적인 해결에 필요한 시간을 확보하고 심각한 사회적 문제를 회피하기 위하여 주어지는 1회적인 조치는 제외), ④ 직접적인 채무감면으로 규정하고 있음. 심각한 손상 조항의 특성은 상기 4개중 하나의 상황이 발생하면 심각한 손상이 발생한 것으로 간주되어 조치국가가 부정적 효과를 입증할 필요가 없다는데 있었음. 그러나 제6.1조는 1999년 12월 31일로 그 효력이 종료됨. 한편, 협정 제6.3조는 심각한 손상으로 간주될 수 있는 상황으로 ① 보조금으로 인해 수출국 국내시장에서 상대방국가(조치국)의 수출이 대체 또는 감소하는 경우 ② 보조금으로 인해 제3국 시장에서 상대방국가(조치국)의 수출이 대체 또는 감소하는 경우 ③ 보조대상 품목의 가격하락과 가격압박, ④ 국제시장점유율의 증가 등 중 하나가 발생한 경우를 규정함.

심사청구제도

심사청구제도란 특허 출원시 심사를 별도로 청구하지 않는 이상 동 발명에 대해서는 심사를 하지 않는다는 제도. 5년 동안은 선출원의 지위를 인정해 주며 5년이 지나면 동 발명에 대한 권리를 포기한 것으로 간주함. 출원인이 아닌 제3자도 심사청구를 할 수 있으며 대신 심사비용을 부담함.

싱가폴 각료회의   Singapore Ministerial Conference

1996년 12월 싱가폴에서 개최된 제1차 WTO 각료회의임.

싱가폴이슈   Singapore Issues

무역과 투자, 무역과 경쟁정책, 무역원활화 및 정부조달 투명성을 지칭. 1996년 싱가폴 각료회의에서 이들 주제들이 무역과 어떠한 관계를 지니는지에 대해 분석작업을 진행키로 결정한 데 따라 붙여진 이름. 2001년 도하개발아젠다에서 동 이슈들을 협상대상에 포함시킬지 여부를 추후 결정키로 한 바 있으며, 2004년 7월 패키지에서 4개 이슈중 무역원활화만 DDA 협상 대상에 포함시키기로 하였음.

싱글윈도우 시스템

무역업체가 수입관련 제반 요구사항을 단일창구를 통하여 일괄 제출할 수 있도록 하는 통관단일창구(Single Window) 시스템. 무역업체는 통관단일창구를 통하여 수입신고는 물론 검사, 검역 등 각종 요건확인자료를 One-Stop 처리함.

아세안 자유무역지대   AFTA(ASEAN Free Trade Area)

동남아국가연합(ASEAN)이 1992년 이래 2015년 완료를 목표로 추진 중인 경제통합 구상

아세안 행동계획   EAI(Enterprise For ASEAN Initiative)

2002년 10월 미국 Bush 대통령이 로스카보스에서 발표한 미국의 대 ASEAN 통상정책의 기본방향임. ASEAN 개별국가와의 자유무역협정 추진 및 이를 위한 사전 정지작업으로서의 무역통상기본협정(TIFA: Trade and Investment Framework Agreement) 체결을 목적으로 하였음.

아세안+3   ASEAN+3(Association of South East Asian Nations+3)

ASEAN + 3(한국, 중국, 일본)

아시아·태평양 경제사회 이사회 ESCAP (Economic and Social Commission for Asia and the Pacific)

1947년 3월 UN 경제사회이사회 결의에 의거 ESCAFE로 발족하였으나 동년 8월 ESCAP으로 개명되었음. 역내 제국의 경제재건과 발전을 위한 협력을 촉진하고 경제적·기술적 문제를 조사하여 연구사업을 실시하거나 원조하고, 역내 경제문제에 관하여 UN 경제사회이사회를 보좌할 목적으로 설립되었음.

아시아태평양경제협력체 APEC(Asia Pacific Economic Cooperation Forum)

아시아·태평양 경제의 증가하는 상호의존성에 부응하여 1989년에 형성된 경제 협력체로서 회원국간의 자발적인 협력을 바탕으로 역내 경제성장을 지속시키고 아·태 경제의 역동성을 유지하여 궁극적으로 아·태 공동체 형성에 기여하는 것을 목적으로 함. 1988년 10월 일본 통산성의 제안 이후 환태평양 지역의 역내 경제협력의 구체화되어 1989년 11월 호주 캔버라에서 첫 각료회의가 개최되었고 1993년 시애틀에서 첫번째 APEC 정상회의가 개최되었음. APEC의 기본적인 목적은 무역과 투자의 자유화·원활화 및 경제기술협력을 통한 역내 경제 성장 및 발전이며, 1994년 보고르 정상회의에서는 APEC 활동의 지주로 ① 무역·투자자유화(Trade and Investment Liberalization), ② 무역·투자원활화(Trade and Investment Liberalization), ③ 경제기술협력 (Economic and Technical Cooperation)을 채택하였는데, 편의상 전자 2개를 TILF로 후자를 Ecotech로 약칭하면서 APEC의 양대 지주로 일컫고 있음. 현재 회원국은 21개국임.(Australia, New Zealand, United States, Canada, Japan, Republic of Korea, Thailand, Malaysia, Indonesia, Republic of the Philippines, Singapore, Brunei Darussalam, People's Republic of China, Chinese Taipei, Hong Kong, Mexico, Papua New Guinea, Chile, Peru, Russia, Vietnam)

안보상의 예외 security exceptions

중요한 국가적 안전보장 문제가 제기될 경우에는 WTO 회원국은 WTO 협정상의 의무를 적용하지 않을 권리를 가지고 있음.

약속 commitment

WTO 협정 하에서 특정 회원국에게 법적인 구속력을 가지는 약속. 양허(bindings), 서비스개방약속표(schedule of commitment on services) 등을 들 수 있음.

양자간 세이프가드조치 Bilateral Safeguards

FTA의 체결에 따른 관세 철폐나 인하의 결과 체약당사국으로부터의 수입이 급증한 제품에 대해 과도기간동안 당해 FTA 체약국간에만 적용하는 세이프가드조치를 가리킴.

양자간 투자협정 BIT(Bilateral Investment Treaty)
두 국가가 서로간의 투자증진 및 투자보호를 목적으로 체결하는 협정

양자간 항공서비스 협정 Bilateral Air Services Agreements
시카고협정(Chicago Convention) 제6조에 따라 정부간에 체결되는 항공협정. 이들 협정은 경우에 따라서는 매우 상세하게 취항편수, 협정 일방당사국에 직접적으로 적하할 수 있는 타방 상대국의 최대 승객수 등을 규정하고 있으며, 취항 가능한 항공기 편명을 열거하기도 함.

양자주의 bilateralism
통상협상 과정에서 직접적인 양자협상을 통해 문제를 해결하는 것을 의미. 양자주의는 2개국만이 관련될 경우 상대적으로부터 원하는 결과를 쉽게 얻어낼 수 있다는 가정에 근거하고 있음. 일반적으로 양자적 접근방식은 중·소국의 이익에 반하고 강국에 유리하게 작용함.

양허 concession
WTO 체제내에서 다른 회원국에 대한 약속. 상품의 경우 일정 세율 이상으로 관세를 올리지 않도록 한 것, 서비스의 경우 일정 업종을 개방하기로 약속한 것 등이 그 예임

양허관세율 bound tariff rates
GATT 및 WTO 다자간 무역 협상에서는 일정 수준 이상으로 관세를 올리지 않겠다는 약속을 하게 되는데, 그 약속한 관세를 양허관세라고 부름.

양허비율 binding ratio
전체 관세항목에서 양허된 관세항목이 차지하는 비율

양허세율과 실행세율의 격차 binding overhang
양허관세율과 실제 적용되는 실행관세율의 차이를 말함. DDA 협상은 양허관세율을 기준으로 이루어지고 있어 실행관세율에 비해 양허관세율이 상당히 높은 국가(주로 브라질 등 개도국)는 협상을 통해 양허관세를 낮추더라도 여전히 실행관세 보다는 높아 실제 시장접근에 영향이 없게 됨(paper cut). 이러한 문제를 해결하기 위해 EU등 선진국들은 실행 관세에 영향을 줄 수 있는 수준의 과감한 관세 감축을 주장하고 있음.

양허안 작성 방안 Modalities
DDA 농업, NAMA 협상에서 관세감축율, 감축공식 등 협상의 기초가 되는 세부원칙. Modalities가 확정되면 각 회원국은 modalities에 따라 국별 이행계획서를 제출하여 검증을 받게 됨.

양허 카테고리 Concession Category
WTO의 협정하에서 특정 회원국에게 고유한 법적 기속력을 가진 약속. 일반적인 의미의 양허는 상대국 요청에 따라 관세를 낮추거나 서비스무역에 대한 장애를 제거하는 것을 말함. 가장 협의의 개념으로서 양허는 단지 관세품목에 대한 기속(binding)만을 대상으로 하는 관세양허를 말함.

양허표 schedule of concessions
협상에 따른 시장개방 조건에 따른 자유화 계획 일정표를 말함. 일반적으로 관세율 인하 조건과 일정 등을 정해 놓은 관세양허표를 뜻함.

양허협상 Concession Negotiation
무역협상에서 각국이 자발적으로 제시하는 각 부문별 시장개방계획을 놓고 그 타당성 및 수용여부를 논의하는 것. 양자 및 다자간 협상의 궁극적인 목적은 세계교역의 자유화를 넓히는데 있으므로 각국은 관세·비관세 등 자유화대상 분야에 대해 자발적으로 시장개방스케쥴을 제시하게 되는데 이를 흔히 양허계획(Offer List)이라고 함. 이 양허계획을 기초로 벌이는 양허협상은 각국의 경제발전단계, 경제 및 산업의 특수성 등을 감안, 자유화계획의 타당성 및 수용여부 등을 따지게 되는데 대개 개도국이냐 선진국이냐에 따라 차등이 주어지게 됨.

업계간 자율거래제도 SBS(Simultaneous Buy and Sell)
우리나라 쇠고기 수입에 적용되었던 제도로 일정범위의 국내수요자에게 기본쿼터의 일부분을 배정하여 정부나 축산물 유통 사업단의 개입 없이 국내 수요자가 직접 수입할 수 있도록 허용하였던 제도. 2001년 1월부로 폐지되었음.

역기술이전 reverse transfer of technology
개발도상국 출신의 과학자 및 전문가들이 선진국으로 유입되는 현상

역내가공 Inward Processing
상품이 제조, 가공, 수리 등을 거쳐 수출될 것을 조건으로 부분적 또는 전체적으로 관세 및 기타 세금을 면제받은 채로 관세 영역 내에 반입되는 세관 절차

역내가치비율 RVC(regional value content)

상품이 원산지 판정에 역내가치포함 비율이 요건으로 적용되는 경우, 각 당사국은 상품의 역내가치포함 비율을 다음 두 가지 방식 중 하나에 따라 산출할 수 있음.

- 방식 1: 공제법
  RVC={(AV-VNM)/AV} * 100
- 방식 2: 직접법
  RVC=(VOM/AV) * 100

  (RVC : 역내가치비율, AV : 조정가격,
  VNM : 생산자에 의해 상품의 생산에 사용된 비원산지 재료의 가치
  VOM : 생산자에 의해 상품의 생산에 사용된 원산지 재료의 가치)

역내 부가가치 기준 Regional Value contents

물품의 실질변형여부를 판단하는 기준으로서 완제품의 전체 가치중에서 협정당사국에서 창출된 부가가치가 일정수준이상이면 그 나라를 원산지로 인정하는 방식

역내 포괄적 경제 동반자 협정 RCEP(Regional Comprehensive Economic Partenership)

ASEAN(10개국) + 한중일 + 호주, 뉴질랜드, 인도 등 아시아/태평양 16개국이 참가국이며, 2015년까지 타결을 목표로 하고 있음. 16개 회원국의 관세 장벽을 철폐로 하는 것을 목표로 하는 일종의 FTA로 체결 시, 역내 인구 34억명, 무역규모 10조 1310달러, GDP 19조 7640만 달러(NAFTA 18조 달러, EU 17조 6000억 달러)에 이르는 세계 최대 규모의 경제블록이 됨. 이를 통해 수출시장 확대로 한국 경제의 안정적 성장에 도움이 될 것으로 기대

역담보제도 Counter-security

권리자의 통관보류 요청에 따라 통관이 보류된 물품에 대해 권리자가 제공한 담보 액수의 120%를 제공하면 통관이 허용되는 제도. 이 때, 수입자가 제공하는 담보를 "역담보"라 칭함.

역사적 특혜 historical preferences

1948년 GATT가 발효하기 이전의 특혜무역협정(preferential trade arrangements) 하에서 주어졌던 특혜. 이들 협정은 GATT 제1조 최혜국대우 위반임에도 불구하고 계속해서 유지될 수 있도록 인정되었음.

역외가공 Outward Processing
당사국이 원재료 및 부품을 수출하여 역외지역에서 가공을 거친 후 재수입된 최종 물품(당사국→제3국→당사국→수출)에 대하여, 일정요건내에서 원산지 지위를 인정하는 제도

역진방지장치 또는 자유화후퇴방지 Ratchet
현행 규제를 보다 자유화하는 방향으로 개정할 수는 있으나, 일단 자유화된 내용을 뒤로 후퇴하는 방향으로는 개정하지 못함.
  예) 외국인투자 현행 제한이 30%일 경우, 그 이하인 20%로 하향조정하거나, 30%를 40%로 상향조정했다가 그 이후에 다시 40% 미만으로 하향 조정하는 것은 허용되지 않음.

역컨센서스 reverse consensus
WTO 분쟁해결기구는 GATT의 전통에 따라 만장일치로 의결하지만 패널이나 상설 항소기구의 판정이나 권고안을 의결할 경우에는 이에 반대하는 컨센서스가 형성되지 않는 한 판결이나 권고안을 채택함. 이를 역컨센서스라고 부름.

연안운송 금지 Cabotage
국내 항구간 운송을 해당 국가의 소유하에 있으며, 해당 국가에 등록된 선박에 한정하여 허용하는 개념. 우리나라를 포함하여 대부분의 국가가 채택하고 있으며, 미국은 Jones Act (Merchant Marine Act of 1920)에 의해 "미국내 건조"라는 조건을 예외적으로 추가하고 있어 무역 마찰의 원인이 되고 있음.

염색가공 공정 기준 Dying Processing Operation Criteria
섬유류의 원산지 결정에 있어 염색공정을 수행한 국가를 원산지로 하는 기준

영사거래 Consular Transaction
특정국가에 상품을 수출하는 경우, 송장, 원산지증명, 선적증명 등에 대해 수입국 영사기관의 사전승인을 얻도록 요구하는 것. 승인을 얻기 위해서는 수출물품의 가치에 상응한 수수료를 내는 것이 일반적이며, 수수료 구조 및 관료적 형태 및 그에 따른 지연 등은 국제 무역분쟁의 원인이 되어왔음. 현재 대부분의 나라에서는 영사절차를 폐지했거나 축소 운영중임.

영업관행 business practices
독점적 서비스 공급자의 독점적 지위 남용 또는 배타적 서비스 공급자의 경쟁제한 행위 포함, 자유 경쟁을 제약하고 서비스무역에 대한 제한을 가져올 수 있는 관행

오존층 파괴물질에 관한 몬트리올 의정서 Montreal Protocol
지구의 오존층 파괴에 관한 다자간 환경협약(Montreal Protocol on Substances that deplete the Ozone layer)

온라인서비스제공자 ISP 혹은 OSP
온라인상에서 각종 서비스를 제공하는 사업자의 총칭. 미국은 이를 Internet Service Provider, 즉 ISP라고 지칭하고 있음. 전기통신사업자(예 : KT), 검색서비스제공자 (예 : Naver, Daum) 혹은 부가통신사업자(예 : 싸이월드) 등을 포함하며 인터넷 환경에서 저작물의 유통을 매개하는 주체임.

완전생산기준 A "goods wholly obtained" test
당해 상품이 "한 국가에서 전적으로 획득되어, 생산된 상품"인지 아니면 "그 생산에 한 국가 이상이 관련되어 있는 상품"인지에 근거하여 판단하게 되며, 한 국가에서 "전적으로 획득된 상품"은 당해 국가가 원산지로 간주됨.

외국인해외직접투자 FDI(Foreign Direct Investment)
해외에서의 자산 운용을 넘어서 경영참가 및 기술제휴를 목적으로 하는 해외투자. 해외직접투자의 주요 유형은 ①해외현지법인 설립 ②기존 외국법인에의 자본 참가 ③부동산 취득 ④지점 설치임.

우루과이라운드 협상 UR Negotiation
1986년 9월 25일 우루과이의 도시 푼타 델 에스테(Punta del Este)에서 개최된 통상장관회의에서 시작되어 1994년 4월 15일 마라케쉬 각료회의에서 종결된 GATT 제8차 다자간 무역협상을 말함. 동 협상은 ① 추가적인 세계무역 자유화 및 확대, ② GATT의 역할 강화 및 다자간 무역체계 개선, ③ 국제 경제 환경에 대한 GATT의 대응능력 제고 및 ④ 국제적인 경제협력 활동의 활성화 등이 목적이었음. 협상 참가국들은 협상기간동안 무역 세안석 소지에 대한 현상동결(standstill) 및 점진적 철폐(rollback)에 대해 합의함.

우선협상대상국 priority foreign countries
미국 수퍼 301조는 USTR로 하여금 미국의 수출증가에 가장 큰 잠재력을 가지고 있는 관행을 유지하고 있는 국가를 의회에 통보할 것을 의무화하고 있는 바, 이 국가를 우선협상 대상국이라고 함. 지식재산권에 대한 스페샬 301조도 미국 기업에 대한 적절하고도 효과적인 지식재산권 보호를 거부하는 국가 즉, 우선협상대상국을 의회에 통보토록 하고 있음.

우호·통상·항해조약 Treaties of Friendship, Commerce and Navigation
보통 FCN조약이라는 약칭으로 잘 알려져 있음. 과거 미국과 일부 유럽 국가들이 선호하던 양자조약의 형태로서 양자간 무역 및 해운관련 조건 등을 담고 있으며 일국의 국민이 상대 국가에서 사업을 영위하거나 사업장을 설치할 수 있는 권리 및 자산 소유에 관한 권리 등을 규정하고 있음.

우회수입 방지(우회덤핑) Circumvention
반덤핑 조치를 회피하기 위한 시도를 표현하는 용어이나 원산지 규정 등을 회피하는 경우에 대해서도 쓰임. 우회는 상품의 진정한 원산지를 왜곡하는 방법으로 이루어 지는데 경우에 따라서는 오로지 어떠한 협정의 요건을 충족시킨다는 충분한 증거를 제시하려는 목적으로한 생산설비를 이전하는 방법이 사용되기도 함. 이러한 수단은 종종 단순조립 공장에 해당하기도 함.

워싱턴조약 Washington Treaty
정식명칭은 Treaty of Intellectual Property in Respect of Integrated Circuit (집적회로에 대한 지적재산권 조약). 1992년 5월 워싱턴에서 체결되었으며, 조약 당사국은 집적회로가 특정물품에 통합되었는지 여부와 관계없이 집적회로의 원 설계에 대해 지적재산권으로서의 보호를 제공해야 함.

원가기반 요금 Cost-based
정의된 비용에 따라 설정되는 서비스요금

원사기준 Yarn Forward
최종제품이 직물 또는 의류인 경우 FTA 체결국 내에서 생산된 원사로 직물을 짜고 (제직·편직), 의류를 재단·봉제할 것을 요구하는 원칙.

☞ 단일실질변형기준 참조

원산지검증방식

일반적으로 원산지 검증을 수입국 세관당국이 수행하느냐 수출국 세관당국이 수행하느냐에 따라 직접검증방식, 간접검증방식 및 제한적 간접검증방식으로 구분. 직접검증방식은 수입국 세관당국이 수입국의 수입자뿐만 아니라 수출국의 수출자 또는 생산자를 대상으로 원산지 검증을 할 수 있는 것을 말함. 이와 달리 간접검증방식은 수출국의 세관당국에 원산지 검증을 의뢰하여 간접적으로 검증하는 방식을 말함. 제한적 간접검증방식은 수출국 세관당국에 수출국의 수출자 또는 생산자에 대한 조사를 위탁하되, 객관성과 투명성 확보를 위하여 수출국 세관당국의 조사과정에 수입국 세관직원이 입회 또는 참관할 수 있는 방식을 말함.

원산지 결정기준 Criteria of the determination of origin

NAFTA는 제4장에서 원산지규정을 두고 있는 바, 이는 당사국 모두에 적용되는 다음과 같은 통일원산지 결정 기준을 포함함.
1. 완전생산기준과 관련하여 NAFTA는 당사국내에서 전부 취득하거나 전적으로 생산된 모든 상품은 NAFTA 원산지를 부여한다고 규정. 이와 관련, 오로지 역내산 원자재(originating materials)만을 사용하여 당사국 영토내에서 생산된 상품에 대해서도 NAFTA원산지를 부여한다는 규정을 두고 있음이 특이한 바, 이는 완전생산기준의 논리적 연장으로 이해됨.
2. 세번변경기준과 관련하여 NAFTA에서는 여러 예외가 있기는 하지만, 비역내산 원자재를 사용하여 당사국의 하나 이상에서 생산된 상품들의 경우 각각의 그러한 비역내산 원자재가 통일관세체계(HS)에 기한 세번(tariff classification)에 변경이 있는 경우 당해 상품은 마찬가지로 NAFTA 원산지가 부여된다는 세번변경기준을 규정.
3. 부가가치기준과 관련하여 상품이 당사국 영토에서 전적으로 생산된 것이지만, 당해 제품 생산에 사용되는 하나 이상의 역외국산 원자재가 비조립형태로 수입되었으나 HS 일반해석규칙 2(a)항에 따라 조립제품(an assembled good)으로 분류되는 관계로 또는 이 상품에 대한 세번이 당해 상품 자체 및 그 부품에 대해 동일한 세번을 규정하고 동시에 더 이상 하위 세번(subheadings)을 분류되지 않는 경우, 당해 상품의 역내부가가치(regional value content:RVC)가 거래가격 방법의 사용시 60% 이상이거나 순비용방법의 사용시 50% 이상이고, 그 밖의 적용요건을 충족하면 이들 상품에 대해서도 NAFTA원산지를 부여하도록 규정

원산지규정 Rules of origin

상품의 원산지국가(the country of origin)를 확인하는 방법이나 절차 등을 규정한 제반 법률이나 규정, 행정절차 등을 총칭하는 개념. 이는 다시 가령 GATT 1994상의 최혜국대우나 그 밖의 반덤핑 및 상계관세, 세이프가드조치, 원산지표시요건 및 여하한

차별적인 수량제한조치 등의 적용에서와 같이 비특혜적인 통상정책수단에 이용되는 비특혜 원산지규정(non-preferential rules of origin)과 GATT 1994 제 1조 1항상 최혜국 대우의 적용 예외에 해당하는 관세특혜의 부여를 규정한 특혜무역협정과 같은 자발적 무역제도에서 이용되는 특혜 원산지규정(preferential rules of origin)으로 구별됨. 일반적으로 원산지규정은 원산지결정기준, 원산지 증명서류, 원산지 표시 대상과 방법 및 그 확인절차 등으로 구성됨. 그런데 원산지규정의 핵심은 원산지 결정 기준이라 할 수 있는바, 원산지 결정기준으로 완저히 한 국가 내에서 모든 생산과정이 이뤄진 물품에 대해서는 완전생산기준(a "goods wholly obtained" test)이 적용되고, 생산과정이 2개국 이상에 걸쳐 이뤄진 물품에 대해서는 당해 상품의 본질적인 특성을 부여하기에 충분한 정도의 실질적인 변형이 최종적으로 수행된 국가에 원산지를 부여하는 실질적 변형기준(substantial trasformation test)이 적용됨.

원산지 상품 originating good

일방 또는 양 당사국의 영역내에서만 완전하게 획득되거나 생산된 경우, 상품이 원산지 재료만으로 일방 또는 양 당사국의 영역내에서만 전적으로 생산된 경우, 일방 또는 양 당사국의 영역내에서만 이루어진 생산의 결과로서 상품의 생산에서 사용된 각각의 비원산지 재료에 대해 협정문의 부속서에 규정된 적용가능한 세번의 변경이 이루어진 경우, 또는 그러하지 않은 경우 상품이 세번의 변경을 요하지 않는 그 부속서 상의 적용가능한 요건을 충족시키는 경우 등을 말함. 이는 원산지 규정(rule of origin)과 관련된 개념으로서 관세가 낮은 국가에서 높은 국가로 재수출되는 제품에 대한 규제를 하고 있으며 자유무역지대 내에서의 공정한 무역을 위해 고안된 개념

원산지증명서 C/O(Certificate of Origin)

발행권한이 부여된 당국 또는 기관이 증명서가 관련된 물품에 대해 특정국가가 원산지 임을 명시적으로 표시하는 특별한 물품확인 양식. 이 증명서는 제조자, 생산자, 공급자, 수출자 또는 기타 권한 있는 자의 신고서를 포함할 수 있음. 자유무역협정 확대와 더불어 특혜관세 대상 판단과 관련 원산지가 중요해지고 있음.

원심/관세평가재심 Duty Assessment Review / Review

원심은 덤핑방지관세부과를 위한 초심으로, 신청인의 조사신청이후 조사개시결정이 나면 덤핑률과 산업피해판정에 대한 예비조사, 잠정조치, 본조사를 거쳐 덤핑방지 관세부과조치를 내리는 일련의 과정을 의미함.
관세평가재심은 확정반덤핑관세 부과이후 시장상황이 변하고 그에 따라 수입품 가격이 변하여 덤핑마진이 변할 수 있으므로 이때 원심 덤핑마진 및 반덤핑관세 규모에 대한 재평가를 행하는 것임. 반덤핑협정은 반덤핑 관세규모의 최대허용치를 설정하고 있는데, 덤핑마진을 초과해서는 안된다고 규정하고 있음. 실제 덤핑마진이 최종판정상의 덤핑마진과 차이가 있어서 상기 기본 원칙에 부합하지 않을 수 있기 때문에 동 원칙에 부합하기 위하여 관세 규모를 최종적으로 판정하는 것이 관세평가재심임.

재심은 확정반덤핑 관세부과후 합리적인 기간이 경과한후 이해당사자의 요청이 있을 경우 조사당국이 반덤핑 관세 부과의 지속여부를 검토하는 절차임. 재심절차의 일환인 일몰재심(sunset review)은 덤핑방지관세 또는 가격인상 약속이 종료될 경우 덤핑 및 산업피해의 지속 또는 재발가능성 유무를 검토하여 덤핑방지관세 및 가격인상 약속의 연장을 재심사하는 것.

위생 및 식물위생조치 SPS(Sanitary and Phytosanitary) Measure

위생 및 식물위생 조치를 일반적으로 'SPS조치'라고 하는 데, 이것은 Sanitary and Phytosanitary measures의 영문자를 줄여서 부르는 것임. 'Sanitary'는 위생의 뜻으로 주로 동물검역 및 식품위생을 의미하며 'Phytosanitary'는 식물을 의미하는 접두어 'Phyto'에서 볼 수 있듯이 식물의 검역에 관한 내용을 말하는 것임. 즉, 동식물의 해충 또는 질병, 식품·음료·사료의 첨가제, 독소, 질병원인체 등에 대해 시행되는 조치를 말함. SPS조치는 국민의 생명과 건강의 보호라는 공공정책목표를 달성하기 위한 것이므로 GATT 체제하에서도 일정한 조건하에 허용됨. 그러나 이러한 조치들이 타당한 기준에 근거하지 않고 임의적으로 제정-운영될 경우에는 부당하게 무역을 제한하는 보호주의적 수단으로 남용될 소지가 있음. 실제로 GATT의 예외조항을 원용하여 위생 및 검역 조치를 농산물의 수입을 제한하는 수단으로 사용하는 사례가 증가해 왔으며, 이를 방지하기 위하여 UR 협상을 통해 WTO 위생및검역조치에 관한 협정(SPS 협정)이 체결됨.

위임사항 TOR(Terms of Reference)

조직이나 기관 또는 회의체 등의 설립시 정하는 목적이나 임무, 역할

위장된 무역장벽 disguised trade barriers

표면상 무역과 무관한 목적달성을 위한 것이나 사실상 수입에 직접적인 영향을 미칠 수 있는 정부의 조치를 뜻함. 이런 조치들로는 소비자 보호법, 제품표준 및 검역규칙 등이 있음.

위조품의 거래방지에 관한 협정 ACTA(Anti-counterfeiting Trade Agreement)

상표권 및 저작권 중심의 위조품의 거래방지 관련 집행 분야를 규율하는 TRIPS-Plus 수준의 복수국간 협약

위험관리 Risk Management

위험도가 높은 화물에 세관 검사를 집중하여 위험도가 낮은 화물의 신속한 반출을 도모하는 것을 의미하며, 이를 통해 세관 당국은 효율적으로 세관 통제를 수행할 수 있으며, 평균적인 통관소유시간이 단축되어 수출입업자의 편의 증대 및 물류비용 절감 효과를 가져옴.

유럽농민단체협의회 COPA(Committee of Professional Agricultural Organization in the EU)

1958년에 창설된 유럽 내 최대의 농민단체조직으로 EU내 60개, 비EU국가의 36개 회원단체로 구성되어 있음. 사무국은 벨기에 브라셀에 있음.

유럽자유무역연합 EFTA(European Free Trade Association)

스톡홀름조약에 의해 1960년 5월에 발효되었으며, EEC(European Economic Area)보다 경제통합의 정도가 떨어짐. 현재 회원국은 아이슬란드, 리히텐슈타인, 노르웨이, 스위스임.

유보안 Reservations List

정식 명칭은 "비합치 조치 유보 목록(reservations list of non-conforming measures)"으로, FTA 투자 및 서비스협정문상의 제반 구체적 의무 (내국민대우, 시장접근 제한, 현지주재 의무, 이행의무 등)에 합치하지 않는 국내 법령상의 조치를 나열한 목록. 유보안은 부속서 1 및 부속서 2(Annex 1 & Annex 2)로 구성되어 있는 바, 부속서 1은 "현행조치 유보"로 지칭되며, FTA 협정문 발효 이후 유보 조치의 강화가 허용되지 않으며, 역진방지장치(ratchet)가 적용됨. 부속서 2는 "미래 유보"로 지칭되며, 부속서 2에 나열된 조치에 대해서는 협정문상의 구체적 의무의 적용이 면제됨.

유엔 무역개발회의 UNCTAD(The UN Conference on Trade and Development)

선진국과 개발도상국 사이의 무역불균형을 해소하고 남북문제를 해결하기 위해 1964년 UN이 설립

유엔 해양법협약 UNCLOS(United Nations Convention on the Law of the Sea)

1982년 12월 10일 채택되어 1994년 11월 16일 발효된 협약. 동 협약은 해양, 해저 및 해저토양뿐 아니라 해양상공의 대기 등 보호에 관한 제도적 틀을 구축하고 있음. 동 협약은 해양 및 대양의 평화적인 사용, 자원의 적정하고 효율적인 활용 및 해양환경의 연구, 보호 및 보전 등의 촉진을 도모하고자 함. 협약 제5부는 통상정책과 가장 커다란 관련이 있는 부분임. 즉, 통상 연안선을 따라서 수심이 낮은 해안선을 가리키는 연안으로부터 200해리를 초과하여 배타적 경제수역(EEZ : Exclusive Economic Zone)을 획정하지 못하도록 하고 있음. EEZ내에서 연안국가는 해양 및 해저에 대한 천연자원의 개발, 획득, 보전 및 관리 등에 관한 주권적인 권리를 보유함. 또한 수력, 조류 및 풍력 등의 에너지 생산과 같은 EEZ내의 경제적 개척 및 개발을 위한 동일한 권리를 가짐. 브라운리(Brownlie)에 따르면 동 협약은 기존에 시도된 것 가운데 가장 야심찬 법규화의 시도이자 전향적인 국제법의 발전이라 할 수 있음.

유전자변형생물체 LMO(Living Modified Organism)
우리법과 바이오안전성의정서 상의 용어로, 현대 생명공학기술을 이용하여 얻어진 새롭게 조합된 유전물질을 포함하고 있는 생물체로 교배나 자연적인 조합을 통해서는 일어나지 않는 방법으로 유전물질의 변화가 일어난 생물체
* EU는 GMO(Genetically Modified Organism), 미국은 GEO(Genetically Engineered Organism)로 주로 명칭.

유전자원 접근 및 이익공유 ABS(Access to genetic resources and Benefit Sharing)
생물다양성협약(CBD)에 규정된 유전자원에 대한 접근과 이의 이용으로부터 발생하는 이익의 공평한 공유

유치산업조항 infant-industry provision
GATT 제18조(경제개발에 대한 보조)를 의미. GATT 18조는 일정 조건을 충족하는 개발도상국의 경우 자국의 유치산업을 발전시키기 위해 수입제한 등의 조치를 허용하고 있음.

유효성 추정 Presumptive Validity
기 설정된 산업재산권에 대해서는 반대가 입증되지 않을 경우 권리의 유효성을 추정함.

육양설비 Landing Facilities
해저케이블을 육지에 설치된 통신망과의 연결이 가능하도록 교환기 등 접속설비를 갖춘 설비장치

의무면제 또는 면책 waiver
WTO 회원국들이 특정 회원국에 부여하는 WTO 의무에 대한 적용 면제를 의미. WTO 규정 하에서 의무 면제는 WTO 회원국 3/4 이상의 동의가 필요함. 일단 의무면제가 부여된 이후에는 정기적인 검토를 받음.

이장권 industrial design
물품의 형상, 모양, 색채 또는 이들의 결합으로 시각을 통하여 미감을 일으키게 하는 공업적으로 이용가능한 창작물을 일정기간 독점적, 배타적으로 이용할 수 있는 권리

의정서　protocols
조약이나 협약을 보충하기 위해 작성된 조약으로 여타 조약에 있는 모든 사항(서문, 정의, 서명, 개정, 발효일시 등)들을 포함하고 있으며 동일한 법적 효력을 지님. 다자간 협상결과를 WTO 법률문서에 공식 추가하기 위해서는 의정서가 필요함.

이월　carry over
수출국이 당해 연도의 미소진 쿼터를 익년도에 넘겨서 소진하는 행위

이해관계자　interested parties
반덤핑 조사에 이해관계를 가진 자. 현행 WTO 반덤핑 협정 제6.11조는 이해관계자를 ① 외국의 수출자 또는 생산자 ② 수출국 정부 ③ 수입국내 동종상품 생산자로 정의하고 있음. 이들 이해관계자에게는 조사당국이 요구하는 정부가 통보되어야 하며, 자신의 입장을 주장할 충분한 시간과 자신의 이익을 변호할 충분한 기회가 주어져야 함.

이행의무　performance requirement
투자의 설립, 획득, 확대, 관리 운용 등의 조건으로 국내부품 조달의무, 외화획득과 관련한 수입제한, 특정물량·지역에의 수출의무, 기술이전 의무, 연구개발 의무 등의 의무사항을 강제하는 것. WTO 무역관련투자조치협정(TRIMs) 협정에서는 제조업에서 국내부품 조달 의무 또는 수출 의무를 금지하도록 하고 있음.

이행현황 감독기구　MM(Monitoring Mechanism)
WTO 협정, 각료 및 일반이사회 결정에 포함된 모든 개도국 우대 조항 관련, 이행현황 감독기구

인격권　Moral Right
인격권에는 저작물의 공표에 대한 결정권(공표권), 저작자임을 주장할 수 있는 권리(성명표시권) 및 저작물의 허락 없는 수정이나 훼절, 기타 훼손 행위에 이의를 제기할 수 있는 권리(동일성유지권)가 있음. 대부분의 국가에서는 저작권법에 재산권과 대비되는 인격권을 저작권의 불가분의 일부로 인정하고 있음.

인과성　causality
덤핑의 존재, 보조금의 존재, 또는 수입의 급격한 증가와 국내산업 피해간에 인과관계가 존재함을 말함. WTO 반덤핑 협정상 반덤핑 관세를 부과하기 위해서는

덤핑의 존재, 국내산업의 실질적 피해(material injury)의 존재, 그리고 그 둘간에 인과관계가 있어야 함. WTO 보조금 및 상계조치에 관한 협정에서는 보조금의 존재, 국내산업의 실질적 피해의 존재, 그리고 그 둘간의 인과관계가 있어야 상계관세 조치를 발동할 수 있음. WTO 세이프가드 협정에서는 수입이 급격히 증가하고 국내산업에 심각한 피해(serious injury)가 존재하고 그 둘간의 인과관계가 있는 경우에 세이프가드 조치를 취할 수 있도록 하고 있음.

인센티브 기반 메커니즘 Incentive-based Mechanism

환경적으로 우수한 시설 및 기업 등을 지정하거나 또는 환경목표 달성을 돕기 위한 허가(permit)나 기타 프로그램 등을 가르키는 용어로 자연자원 및 환경의 보전, 복원, 보호를 장려하기 위해 장치

인정 recognition

서비스 공급업자의 승인, 면허 또는 증명에 관한 표준 등에 대해 권장되는 WTO 회원국 간의 상호인정 및 조화

일견, 외견상 prima facie

특정의 사실을 증명하는 데 있어서 일응 충분하고 정당하다고 인정되며, 상대방의 반증에 의해 번복되지 않는 한 진실하다고 추정되는 법리.

일괄수락원칙 single undertaking

다자통상협상에서 협상국가들이 WTO 협정문에 서명하는 경우 WTO 협정문 및 부속문서를 전체적으로 수락하는 원칙. 따라서 일부수락은 불가능하며 어느 조항에 대해서도 유보를 행할 수 없음. UR협상 및 DDA 협상에서 이러한 원칙을 따르고 있음 흔히 일괄 수락원칙은 "모든 것이 합의되기 전까지는 아무것도 합의된 것이 아니다(Nothing is agreed until everything is agreed)"라는 원칙으로 불리움.

일몰 조항 sunset clause

조사당국이 일몰 재심(Sunset Review)을 통해 덤핑(보조금) 및 피해의 재발 및 계속 가능성을 검토하여 계속적인 반덤핑 관세(상계관세)의 부과가 필요하다고 결정되지 않는 이상 모든 반덤핑 관세(상계관세)는 부과일로부터 5년 이내에 종결되도록 한 조항. UR 협상을 통해 인정됨. 그러나 일몰 재심을 통해 반덤핑 관세(상계관세)가 종결되는 경우는 거의 없었으며, 대부분 조치가 연장된다는 문제점이 있어 DDA 규범 협상에서 동 조항에 관한 협상이 이루어지고 있음.

일반특혜관세제도 GSP(Generalized System of Preferences)

선진국이 개도국으로부터 수입하는 제품에 대해 관세를 면제하거나 저율의 관세를 부과하는 관세우대조치를 말함. GSP는 선진국들이 개도국의 수출증대를 통한 산업화를 지원하기 위해 위해 자발적이고 한시적으로 시행하는 제도. GSP는 지역적 제한 없이 일반적으로 적용된다는 점에서 기존의 영연방특혜관세제도 등과 구별되며 무차별, 비호혜적으로 특혜관세가 부여된다는 점에서 자유무역협정이나 관세동맹과 같은 차별적 호혜적인 특혜관세협정과 구분됨.

일반회계원칙

수입, 지출, 자산 및 부채의 기록, 재무제표 작성, 정보공개 등과 관련하여 해당 국가에서 광범위하게 인정되고 있는 회계원칙

일방적 구제절차 Relief Inaudita Altera Parte, Relief without Hearing the Other Party

지식재산권의 침해가 있을 때 권리자의 신청이 있을 경우 상대방의 의견을 듣지 않고 가처분 등의 조치가 가능한 제도

일시입국 temporary entrance

일시입국은 이민과 같이 영구적으로 입국하는 것이 아니라 투자, 서비스등을 제공하기 위하여 일시적으로 입국하는 것.

※ 여타 회원국의 고용시장에 접근하는 자연인(개별적인 구직자), 시민권 또는 영주취업권을 얻고자 하는 자는 제외됨.

일시적 복제(일시적 저장) Temporary Copies

일시적 복제 혹은 일시적 저장이란 보통 웹서핑, 이메일 송수신, 인터넷상에서의 음악감상 등 컴퓨터를 사용하는 과정에서 컴퓨터의 기억장치인 RAM 또는 Buffer에 생기는 복제물을 지칭하며, "일시적"이란 수식어가 붙는 이유는 컴퓨터 전원이 끊어지는 경우 복제물 혹은 저장물이 사라지기 때문임.

자동선별시스템 ATS(Automated Targeting System)

화물 및 승객의 정보를 사전에 입수 분석하여 테러 위험이 화물 및 승객을 가려내는 미국의 컴퓨터 시스템

자동성 automaticity
WTO 분쟁해결기구의 패널설치, 위임사항, 패널의 구성 및 패널보고서 채택 등과 관련 일정한 시간이 지나면 자동적으로 확정되도록 한 것. 종전의 GATT상의 분쟁해결절차에서는 단계별로 엄격한 시한이 정해져 있지 않아 상대적으로 절차가 지연되는 문제점이 발생하여 이를 시정하기 위해 일정 시간이 지나면 자동적으로 절차가 확정되도록 한 것임.

자료독점 Data Exclusivity
의약품의 시장 허가를 신청함에 있어 선발 신청자가 제출한 의약품 안전성·유효성 관련 미공개 시험정보 또는 기타 자료는 후발 신청자의 동종 또는 유사 품목의 시판 허가 자료로 일정 기간 동안 원용될 수 없음. 미국은 1984년 세계최초로 동 규정을 도입(Hatch-Waxmann법)하여 새로운 화학물질을 사용한 신약의 경우 최소 5년간, 새로운 임상정보가 제출될 경우에는 최소 3년간 후발 신청자의 자료 원용을 금지하고 있음.

자산운용서비스 Portfolio Management Service
자산운용회사 등에서 투자자로부터 모금한 자금 운용과 관련한 모든 서비스를 의미함.

자연인 natural persons
회사, 조직 등 법인과 구별되는 개념

자유화수준동결 freezing
서비스교역의 최초 자유화 약속을 위한 양허협상방식의 한 형태로서 모든 서비스 분야에 대한 최초의 자유화 약속수준을 기존의 자유화수준에서 동결시키는 방식

자율규제기구 Self Regulatory Organization
증권·선물시장 등 금융서비스공급자 또는 금융기관에 대해 규제 또는 감독권을 행사하는 비정부기구로서 국내 기관의 경우 광고내용에 대한 심사권을 행사하는 생명보험협회, 손해보험협회 등이 이에 해당함.

자율규제협정 VRA(Voluntary Restraint Arrangement)
특정 국가가 일정 기간동안 상대국가에 대해 특정상품의 수출을 일정 수준까지 제한하기로 합의해준 협정. VRA는 철강, 자동차, 반도체 등 소위 민감 품목(sensitive sectors)에 대해 활용되었음.

작업장에서의 기본원칙 및 권리에 관한 국제노동기구 선언 ILO Declaration on Fundamental Principles and Right at Work, 1998

다자간 무역기구 내에서 무역과 노동기준을 연계해야 한다는 국제적 논의를 배경으로 1998년 6월 ILO 총회가 채택한 선언. ILO의 회원국들이 반드시 지켜야 하는 보편적 노동기준은 안전보건, 사회보장과 같은 근로조건에 관한 협약보다는 결사의 자유, 단결권 및 단체교섭권, 강제노동금지, 차별금지, 아동노동의 금지와 같은 기본권과 관련된 핵심노동기준임을 확인함. 이들 핵심적인 국제노동기준을 준수하기 위한 후속조치로서 관련협약을 비준하지 않은 회원국에 대해 협약 준수 노력을 검토한 연례보고서를 제출케 하기로 합의.

잔류성 유기오염물질 POPs(Persistent Organic Pollutants)

자연환경에서 분해되지 않고 먹이사슬을 통해 동식물 체내에 축적되어 면역체계 교란, 중추신경계 손상 등을 초래하는 유해물질로 대부분 산업생산 공정과 저온 소각과정에서 발생하며 주요 물질로는 DDT, 알드린 등 농약류와 PCB, 헥사클로로벤젠 등 산업용 화학물질, 다이옥신, 퓨란 등이 있음. 2001년 5월 12개 POPs를 규제하기 위한 스톡홀름 협약이 채택됨.

잔지바르 선언 Zanzibar Declaration

2001년 7월 22일~24일중 개최된 최빈개도국 통상장관 회담에서 채택된 선언. 이 회담이 개최된 장소가 탄자니아 공화국 잔지바르 섬이었음. 세계무역에서 최빈개도국이 소외되거나 배제되어서는 안 된다는 취지 아래 최빈개도국의 무역인프라 구축 및 부채 탕감을 위해 특별하고 차별화된 조치를 촉구. 또한 UNCTAD의 지속적인 기술원조, 최빈개도국에 유리한 TRIPS조항의 적용, 최빈개도국의 WTO가입 촉진 등에 대해서도 언급하고 있음.

잠수함특허 Submarine Patent

출원후 고의적으로 특허의 성립을 지연시키다가 갑자기 성립시키는 특허. 잠수함 특허를 통해 제3자가 특허권에 포함되어 있는 발명을 사용하거나 동 발명을 이용한 제품이 시장에서 성공하기를 기다렸다가 특허를 성립시켜 특허권 침해를 근거로 들어 로얄티를 청구함.

잠정 반덤핑관세 provisional anti-dumping duties

일단 반덤핑 조사가 개시된 후 최종 결정이 나오지 않은 상황에서 조사당국이 덤핑수입에 의한 국내산업 피해를 예방하기 위해 부과하는 반덤핑 관세. 잠정 반덤핑관세를 부과하기 위해서는 덤핑 및 국내산업 피해에 관한 예비 긍정 판정이 있어야 함. WTO 반덤핑 협정 제7조에 의해 인정

잠정 상계관세 provisional countervailing duties

일단 상계관세 조사가 개시된 후 최종 결정이 나오지 않은 상황에서 조사당국이 보조금이 지급된 상품의 수입에 의한 국내산업 피해를 예방하기 위해 부과하는 상계관세. 잠정 상계관세를 부과하기 위해서는 보조금 및 국내산업 피해에 관한 예비 긍정 판정이 있어야 함. WTO 보조금및 상계조치에 관한 협정 제17조에 의해 인정

잠정세이프가드 transitional safeguard mechanism

WTO 섬유 및 의류에 관한 협정하에서 대상 섬유류의 수입증가로 인하여 국내산업에 심각한 피해를 초래하거나 피해의 위협이 있는 경우 일시적으로 수입을 제한할 수 있도록 허용된 조치

잠정조치 Provisional Measure

덤핑방지관세의 부과여부를 결정하기 위하여 조사가 개시된 경우로서 조사기간중에 발생하는 피해를 방지하기 위하여 당해 조사가 종결되기 전이라도 그 물품과 공급자 또는 공급국 및 기간을 정하여 잠정적으로 추계된 덤핑차액에 상당하는 금액이하의 잠정덤핑방지관세를 추가하여 부과할 것을 명하거나 담보의 제공을 명하는 조치

재단·봉제 공정 기준 Cut & Sew Criteria

섬유류의 원산지 결정에 있어 재단·봉제공정을 수행한 국가를 원산지로 하는 기준
☞ 단일실질변형기준 참조

재발동금지

양자세이프가드가 특정수입품에 대해 발동된 이후에 같은 수입품에 대해 다시 발동되는 것을 금지

재송신권 Retransmission Right

방송사업자가 자사의 방송시그널을 재송신하는 행위를 허용 또는 금지할 수 있는 권리

재판매 Resale

다른 통신 사업자의 전기통신회신 실비 또는 통신 서비스를 소매 형식으로 재분하는 것을 재판매 사업(resale business)이라 하고, 재판매 사업을 하는 사업자를 재판매 통신 사업자(resale carrier)라 하며, 재판매 통신 사업자가 제공하는 서비스를 재판매 서비스(resale service)라 함.

저명상표 Famous Mark/Notorious Mark
동일, 유사상품뿐만 아니라 이종상품 및 영업에 이르기까지 특정인의 상표로서 일반 수요자에게 현저하게 인식되어 있는 상표

저작권 Copyright
일반적으로 법에 의하여 저작물의 저작자에게 부여하는 배타적인 권리. 저작권은 보통 재산권과 인격권으로 분류를 할 수 있는데 인격권의 경우 양도가 불가능하며 일신전속성을 지니고 있음. 재산권에는 복제권, 공연권, 방송권, 전송권, 전시권, 배포권, 2차적 저작물등의 작성권이 있으며 인격권에는 공표권, 성명표시권 및 동일성유지권이 있음.

(WIPO)저작권조약 WCT(WIPO Copy Treaty)
정보통신기술발달에 대응하여 베른협약이 저작권을 제대로 보호하지 못하는 문제점을 해결하기 위하여 1996년 12월 WIPO에서 채택되었으며, 기술적 보호조치, 권리관리정보 등 디지털 시대에 새로이 등장한 쟁점들을 포함하고 있어 WPPT와 함께 속칭 "Internet Treaties"라 불리기도 함.

저작인접권 Related Rights, Neighboring Rights
음반제작자, 실연자 및 방송사업자의 권리를 통칭하는 개념. 각 인접권자에게 다른 권리가 부여되며 통상 저작물을 활용하여 부가가치를 창출하는 2차적 권리이기 때문에 저작권자에게 보다 제한적인 권리가 주어짐.

적극적 예양 positive comity
일반적으로 국제예양(comity)이라 함은 한 국가가 동등한 주권을 가진 타국의 입법적, 행정적, 사법적 행위를 존중하는 것을 말함. 이에 반해 적극적 예양(positive comity)이라 함은 경쟁정책의 운영에 있어 한 국가가 관련양자협정의 규범 하에 다른 국가에게 그 국가의 경쟁법상의 행위를 취하도록 요구할 수 있음을 의미하는 것으로써 1998년 미국과 EU간에 체결된 적극적 예양(positive comity) 협정이 이에 관한 가장 진보된 협정이라 할 수 있음. GATS 제9조(사업 행위)에 관한 규정은 이러한 적극적 예양원칙과 관련된 규정임.

적하목록 Cargo Manifest
선박 또는 항공기의 화물적재목록. 운송기관의 명칭, 선하증권기호, 도착지, 출항지, 하인, 포장의 개수 및 종류, 화물의 품명 및 수량, 하수인 및 송하인의 성명 등이 기재되어있으며 목적항의 선박대리점에게 도착화물의 내용을 알림.

적하보험 Insurance on Cargo
보험회사가 운송 중인 화물에 대한 파손 등의 위험을 인수하고 보험계약자가 위험인수에 대한 대가로 보험회사에 대해 보험료를 지급하는 보험

적합성평가 Conformity Assessment
제품, 공정, 서비스, 시스템 등이 기술규정 및 표준과 관련된 요건을 충족시키고 있는지의 여부를 결정하기 위하여 행해지는 시험, 검사, 인증, 승인 또는 이들의 조합으로 이루어진 평가행위

적합성평가 절차 Conformity Assessment Procedures
기술규정 또는 표준의 관련 요건이 충족되었는지를 결정하기 위하여 직접적 또는 간접적으로 사용되는 모든 절차. 적합성 평가제도는 특히 표본추출, 시험 및 검사, 평가, 검증 및 적합보증, 등록, 인증과 승인, 그리고 이들의 결함을 포함함.

전기용품 안전인증기관의 지정제도
전기용품안전관리법 제5조의 규정에 의하여 안전인증 대상 전기용품을 제조하거나 외국에서 제조하여 대한민국으로 수출하고자 하는 자가 안전인증기관으로부터 제품의 출고 전(국내제조), 통관 전(수입제품)에 안전인증대상전기용품의 모델별로 안전인증을 받아야 하는 강제인증제도. 관련부처는 해당법에 규정된 자격요건을 만족하는 인증기관을 지정하여 안전인증업무를 수행하도록 할 수 있음.

전기(前期)이행 frontloading
협정 의무 이행이 이행기간 초기시점에 상대적으로 더 과중하게 이루어지도록 하는 관행

전기통신사업자
전기통신사업법에 근거하여 통신서비스를 제공하는 사업자

전문직 분야 상호인정
☞ 상호인정(Mutual recognition arrangement) 참조

전문직 비자쿼터

미국은 전문직에 대하여 연간 비자발급쿼터를 설정해두고, 쿼터 도달시 당해 회계연도에는 외국인 전문직의 비자발급을 제한하는 제도를 운영하는 바, 이때의 쿼터를 전문직 비자쿼터라고 말하며 현재 연간 65,000명의 전문직비자(H-1B)쿼터 있음. (다만, 2004. 12. 석사학위이상 소지자들에 대한 별도의 20,000명 쿼터가 새로이 도입된 바 있음.)
미국 이민법상 전문직(비자타입: H-1B)이라 함은 직종 분류 없이 고도의 전문 지식에 대한 이론적, 실질적 적용 및 최소 학사 또는 동등 이상의 학력을 요구하는 직종을 말함. (예: 건축사, 엔지니어, 회계사 등)

전송권 Right of Transmission

일반 공중이 개별적으로 선택한 시간과 장소에서 수신하거나 이용할 수 있도록 저작물을 무선 또는 유선 통신의 방법에 의하여 송신(Send)하거나 이용에 제공(Upload)하는 것.

전용 swing

한 수출국가가 한 상품의 쿼터 일부를 다른 제한된 상품의 쿼터로 활용하는 것.

전용사용권 Exclusive License

상표권자가 아닌 자가 지정상품에 관하여 그 등록상표를 사용할 권리를 독점하는 권리를 지칭. 별도 등록절차를 거쳐 권리가 성립됨.

전용회선 Leases Circuits

전기 통신 사업자 또는 통신 주관청과의 임차 계약에 따라 사용자가 원하는 두 지점 간 또는 다지점 간을 직통으로 연결하여 독점 사용하는 전기 통신 회선. 임대회선이라고도 함.

전자무역 Electronic Trading/Paperless Trading

재화 또는 서비스의 국경간 거래인 무역행위의 본질적 업무를 인터넷을 포함하여 EDI(전자문서교환), E-B/L(전자선하증권), E-C/O(전자원산지증명서) 등의 IT 수단을 이용하여 전자적으로 그리고 정보집약적으로 수행하는 무역활동

전자상거래 electronic commerce

통신네트워크를 통해 전자적 방식으로 이루어지는 상거래. 98년 이래 WTO에서는 전자상거래에 대한 관세부과 여부, 전자상거래의 분류 문제, 전자상거래와 지재권과의 관계, 전자상거래의 개발 관련 문제 등이 논의되고 있음.
일반적으로 온라인 네트워크를 통하여 이루어지는 모든 형태의 거래를 지칭하지만, 최근에는 가장 보편적인 인터넷을 활용하는 상거래에만 국한되지 않고 전화, TV, 케이블TV, CD 등의 전자카탈로그와 사내전산망 등 다양한 정보통신매체를 이용하여 상품과 서비스를 전자적으로 유통시키는 모든 유형의 상업적인 행위를 뜻하는 용어로 확대되는 추세임.

전자서명 Electronic Signature

전자문서를 작성한 작성자의 신원과 당해 전자문서가 그 작성자에 의하여 작성되었음을 나타내는 전자적 형태의 서명

전자인증 Electronic Authentication

전자서명검증키가 자연인 또는 법인이 소유하는 전자서명생성키에 합치한다는 사실 등을 확인·증명하는 전자적 정보

전통지식 Folklore

민화와 민요 전통무용 등 특정의 민족, 지역 또는 집단에 의하여 전통적으로 받아들여져 온 문화적 표현

점진적 수용 Creeping Expropriation

직접적으로 소유권의 이전을 초래하는 수용은 아니나, 개별적 조치가 누적되어 (a series of actions) 투자자의 권리가 실질적으로 박탈당하는 경우

점진적 자유화 progressive liberalisation

WTO GATS의 목적에 따라, 더 높은 수준의 자유화를 달성하기 위하여 주기적으로 협상하는 것. 효과적인 시장접근을 제공하기 위한 수단으로서의 점진적 자유화 협상은 조치가 서비스무역에 미치는 부정적인 영향을 완화하거나 폐지하는 방향으로 이루어져야 함.

정보기술협정 ITA(Information Technology Agreement)
첨단산업 교역 자율화를 위해 정보기술제품(컴퓨터, 통신장비, 반도체, 반도체 제조장비, 소프트웨어 등)을 생산 판매하고 있는 주요국가 등이 2000년까지 교역을 완전 무관세화하자는 협정. 1996년 12월 WTO 싱가폴 각료회의에서 체결되었으며, 1997년 7월 1일자로 발효되어 현재 76개국이 참가중임

정부조달 GP(Government Procurement)
정부기관(중앙/지방정부 및 공공기관 등)이 그 고유의 목적으로 상품 또는 서비스를 최종수요자로서 구매하는 것

정부조달협정 GPA(Government Procurement Agreement)
정부조달에 관한 WTO 복수국간 협정. 정부조달협정은 원래 GATT 내국민대우원칙의 예외분야로 국제무역의 자유화가 이루어지지 않았던 분야였으며 1979년에 제정된 도쿄라운드하의 정부조달협정도 전체 정부조달시장 중 일부(중앙정부기관의 13만 SDR 이상의 물품구매)만을 규율하며, 지방정부나 통신, 전력, 상하수도, 운송분야 등 주요 공공부문이나 서비스, 건설 구매 등은 포함되지 않았음. 현행 WTO 정부조달협정은 UR협상과 같은 맥락에서 구협정의 범위를 확대하기 위한 확장협상을 통해 1993년 12월 새로이 체결되어 그 포괄범위가 중앙, 지방정부기관 및 통신, 전력기관 등 정부 영향력하의 공공기관의 물품, 서비스 및 건설구매로 확대됨. 정부조달협정은 실질적인 시장접근을 위한 내국민대우 및 무차별원칙과 양허의 실효성을 확보하기 위한 국제공개입찰을 주요원칙으로 하고 있으며, 정부조달협정은 일반적인 분쟁해결절차와 함께 정부조달의 일회종료적 성격을 고려하여 신속한 구제수단을 제공하기 위한 독립적인 이의신청절차를 마련하였다. 협정 제3조의 내국민대우와 무차별원칙에도 불구하고, 각국의 양허표에는 상호주의(mutual reciprocity)적 규정이 많음. 현재 DDA 협상과는 별도로 정부조달 협정 양허 확대 협상이 진행중임.

정보기술협정 II ITA II
1997년 5월 Quad 통상장관에 의해 WTO에서의 협상을 위해 제출되었던 제안. 이 제안에는 비관세조치 해당 제품 범위의 확대 및 기술이전에 관한 조항을 추가하여 정보기술협정을 확대하는 내용을 담으려 했으나 1998년 12월 협상이 최종 중단되었음. 이후 2012년 ITA출범 15주년 기념 심포지엄 계기에 ITA 확대 협상 재출범에 합의하여 논의 진행중.

제3의 이해관계자 interested third parties
WTO 분쟁해결양해상의 제도로서 당해 분쟁에 직접 참여하지는 않으나 분쟁과 관련하여 이해관계를 가지는 회원국. 이러한 제3자에게는 분쟁해결 패널에 의견을 제시하고 의견서를 제출할 권리가 주어짐.

제네릭 의약품 Generic Drug
특허가 만료된 오리지널 의약품을 그대로 복제한 의약품(copy drug).
↔ 오리지널 의약품

제로옵션 zero option
UR 협상 초기 주로 미국 측에서 제시했던, 농산물 교역이나 생산을 왜곡하는 일체의 보조금을 사실상 10년 내에 철폐하자는 제안을 지칭하는 용어

제로잉 zeroing
덤핑율 산정시 수출가격이 정상가격보다 높은 경우에 발생하는 마이너스 덤핑마진을 0으로 간주하여 덤핑 마진을 인위적으로 높이는 관행.
덤핑마진 산정시 우선 각 상품모델별로 덤핑마진을 계산한 뒤에 전체상품을 위한 덤핑마진을 합산하는데, 실제로 계산된 모델별 덤핑을 단순 합산하기보다 마이너스 마진이 나온 모델의 경우 덤핑마진을 0으로 처리하는 방식으로 전체 덤핑마진이 실제보다 더 높게 나오는 효과가 있음.

제외 carve out
특정 조치 또는 경제적 행위를 신무역규범의 적용으로부터 당분간 면제해 주기로 하는 협상 참가국간의 합의. 예를 들어 양자 항공권 및 금융서비스에 적용되는 합리적 규제(prudential regulations)를 GATS 규범에서 면제해주는 것을 들 수 있음.

제조공정방법 PPM(Process and Production Method)
어떠한 제품이 생산되거나 제조되는 과정. 이는 자원이 추출되고 결합되는 과정이기 때문에 환경에 중대한 영향을 미치게 됨. 이에 따라 각국은 생산과정에서 야기되는 환경저하를 방지하기 위해 제조공정요건(PPMs-related requirements)을 부과하고 있으며 제조업체에 부과되는 환경오염 비용이 그 대표적인 예임. 오늘날 주요 선진국의 소비자들은 그들이 구매하는 제품의 제조공정에 관한 정보에 민감하기 때문에 생산자들은 환경에 미치는 영향을 고려하지 않을 수 없음. 제조 공정이 환경에 미치는 영향은 생산이 이루어지고 있는 장소에만 국한되기도 하고, 국경을 초월하여 전 세계적으로 파급되기도 함. 대개 제조공정은 국내적으로만 영향을 미치는 경우가 많으나 때로는 문제를 야기하는 경우가 있음. 또한 제조공정요건 요건이 위장된 통상규제조치로 사용되는 경우도 증가하고 있어, 통상과 환경관련 국제협의에 있어서 중요한 연결 과제가 되고 있음.

제한입찰 limited tendering
제한된 조건에 따라 구매기관이 공급자를 개별적으로 접촉, 선정하는 방법. WTO 정부조달협정에서는 일정한 제한규정을 두어 동 입찰방식이 가능하나 최대한의 경쟁을 피하거나 다른 당사국의 공급자간의 차별을 하거나, 국내 생산자 또는 공급자를 보호하기 위한 수단으로 사용되는 것을 제한

조건부 원조 또는 구속성 원조 Tied-Aid
차관을 제공하면서 물자, 기자재 및 용역의 구매계약을 반드시 차관공여국가의 기업과 체결하도록 제한하는 것

조기수확 early harvest
일부 사항에 대하여 공식적인 협상종결 또는 당초 계획보다 앞당겨 합의, 시행하기로 한 경우를 뜻하는 용어

조부(祖父) 조항 Grandfather Clause
각국의 GATT 가입 의정서상 GATT 제Ⅱ부의 잠정적 적용에 관한 조문. GATT 제Ⅱ부의 규정은 원칙적으로 수출입제한이 철폐를 규정하고 있는 바, 각국은 GATT 가입과 동시에 국내법령을 GATT 규정에 일치시킬 수는 없었기 때문에 당초 체약국의 경우 잠정적용의정서 (Protocol of Provisional Application)에 의거하여, GATT 설립 이후의 체약국의 경우는 가입의정서(Protocol of Accession)에 의거해 국내법령에 합치하는 범위 내에서 GATT 제Ⅱ부를 수락하는 편법이 인정되었음. 이 조문이 바로 GATT에 우선하는 "Grandfathering Clause"로 부름. 과거 선진국의 잔존 수입제한의 대부분은 이 조항에 의거한 것임.

조상 carry forward
수출국이 당해년도에 익년도의 쿼터를 앞당겨 소진하는 행위

조정관세 Adjustment Tariff
현행 관세법에서, 일시적으로 일정한 기간 동안 세율을 조정하여 부과하는 관세. 산업구조의 변동 등으로 물품간의 세율이 현저히 불균형하여 이를 시정할 필요가 있는 경우, 국민건강·환경보전·소비자보호 등을 위하여 필요한 경우, 농림축수산물 등 국제경쟁력이 취약한 물품의 수입증가로 국내시장이 교란되거나 산업기반을 붕괴시킬 우려가 있어 이를 시정 또는 방지할 필요가 있는 경우에 기본관세에서 100% 이내의 관세를 더 부과할 수 있음.(2013년, 15개 품목)

조치 Measure
법률, 규정, 절차, 요건, 관행, 또는 정부 혹은 정부의 권한을 위임 받은 기관에 의한 행정행위 등을 지칭

조치기간 Duration
개별 세이프가드조치가 적용될 수 있는 기간으로 WTO세이프가드 협정 하에서는 원칙적으로 4년을 초과할 수 없으나, 잠정조치, 최초 및 연장적용기간 포함 8년(개도국 10년)을 초과할 수 없음. 기간연장이 가능한 사유로는 ① 심각한 피해를 방지하거나 치유하기 위한 지속적 조치가 필요하다고 인정되고, ② 당해산업이 구조 조정 과정에 있다는 명백한 증거가 있으며, ③ WTO 세이프가드 협정상의 양허 및 기타의무(제8조), 통고 및 협의 (제12조)에 관련된 규정들이 잘 준수되고 있는 경우임.

존속기간 Transition Period
양자세이프가드조치 자체를 발동할 수 있는 기간을 이른바 존속기간이라고 하며 관세철폐기간 등 일정기간을 설정한 뒤 그 기간의 만료된 이후에는 철폐되며 당사국간의 동의없이는 양자세이프가드를 적용할 수 없게 됨.

존스 법 Jones Act(Merchant Marine Act of 1920)
미국내 연안운송 관련 미국의 국내법으로, 특히 제27부(section)는 미국내 연안 운송을 미국에 의해 소유·등록·건조된 선박으로, 미국인이 승선한 선박에 한정하여 허용하고 있어 국가간 무역 마찰의 원인이 되고 있음.
☞ 연안운송금지 참조

종가세 ad valorem duty
관세의 과세기준의 하나로써 수입품의 가격에 따라 관세율을 정하는 방법.

종가세 상당치 AVE(Ad Valorem Equivalent)
종량세(kg 당 몇 원) 등 비종가세를 종가세(수입가격의 몇%)로 환산한 수치. DDA 농업협상에서는 2004년 8월 1일 기본골격 합의에 따라 전체 농산물을 몇 개의 구간으로 구분하여 높은 관세에 대해 더 높은 감축률을 적용하기로 합의했기 때문에, 각 품목에 적용될 감축률을 결정할 때 비종가세가 종가세로 볼 때는 어느 정도에 해당하는지 알아보기 위해 AVE 계산방식이 필요함(DDA NAMA 협상에서도 공식 적용을 위해 동 AVE가 필요).
2005년 3월 이후 농산물 수입국과 수출국간 AVE 전환 공식에 대한 이견으로 협상이 난항을 겪었으나, 2005년 5월 3일~4일 OECD 소규모 각료회의에서 우리나라의 적극적 중재를 통해 합의에 이름.

종량세 specific duty

수입물품의 수량 또는 중량을 기준으로 부과하는 관세. 가격을 기준으로 부과하는 것은 종가세(ad valorem duty)라고 함.
종량세는 수입물품의 중량을 기준으로 부과하는 관세제도(보통 원/Kg로 표시) 수입가격이 1.000원/Kg인 농산물 수입시 관세가 100%일 때 관세는 1,000원임 그러나 농산물 가격은 시기, 품질에 따라 가격진폭이 심하므로 국제가격이 500원으로 하락 할 수 있음. 이 경우 관세가 100%라 하여도 500원의 관세만 부과되므로 보호효과가 미약하나 종량세는 Kg당 1,000원이 부과된다면 가격의 하락에 상관없이 1,000원이 부과되어 높은 보호의 효과를 갖게됨.
UR 농산물협상에서 우리나라는 고추, 마늘, 양파등 63개 품목에 대해 종량세를 도입하여 종량세와 종가세중 높은 세율(액)을 선택적으로 적용토록 하였음.

주정부행위 면제이론

미국 내 민간부분의 독점금지법 위반 혐의행위가 주정부의 정책에 따른 것인 경우에는 엄격한 요건하에 주정부의 행위로 보아 독점금지법의 적용에서 면제되어 정당한 행위로 봄.

주지상표 Well-Known Mark

타인의 상품을 표시하는 것이라고 수요자 사이에 현저하게 인식되어 있는 상표. 상표법은 주지상표와 동일, 유사한 상표를 동일, 유사한 상품에 사용하는 상표의 등록을 금하고 있음.

준조세 Quasi-Tax

세금 이외에 기업들이 부담하는 각종 공과금으로 '세금 아닌 세금'으로 불림. 국민연금에서 사업자가 종업원을 위해 매달 부담하는 연금보험료와 같은 각종 부담금, 기금, 회비, 기부금 등을 통틀어 준조세라 칭함. 준조세는 조세 성격이 짙은 협의의 공과금과 공익성이 강한 기부금성 공과금으로 나눌 수 있음.「협의의 공과금」에는 방범비, 오물수거료, 조합비, 협회비, 적십자회비, 산재보험료 등이 있고,「기부금성 공과금」에는 이재민구호성금, 불우이웃돕기성금, 체육성금, 방위성금 등 필요할 때마다 내는 돈이 포함됨.

중간재

최종물품의 생산에 사용된 재료로서 생산자가 자가 생산한 재료를 의미함. 역내산의 요건을 충족한 중간재는 최종물품 역내부가가치 계산시 중간재 전체 가격이 역내부가가치로 계상됨.

중간재 흡수원칙 Absorption/takeover principle

비원산지 재료가 일정한 가공요건을 충족함으로써 원산지 지위를 획득한 경우 당해 재료가 최종 제품에 체화되면 동 재료는 100% 역내산으로 간주된다는 원칙을 말함.

중재 arbitration

분쟁해결의 한 방법. 분쟁당사자들을 모이게 할 목적의 중개(mediation)보다는 공식적이고, 반대 변론에 의한 정식 법정절차보다는 덜 법적인 성격을 가짐. 중재에 합의한 분쟁당사자는 정해진 절차 규정에 스스로 구속되며 사전에 중재 결과가 당사자를 구속한다는 데에 합의하는 것이 일반적임.

중첩적 과세 Tax on Tax

한품목에 여러 가지 세금이 차례로 과세되는 경우. 세금이 포함된 가격위에 이를 기준으로 다시 과세되는 방식으로, 명목세율보다 실질적으로 높은 세금이 부과되게 됨. 수입차의 경우, 관세(8%)부과 후 관세를 부가한 가격을 기준으로 그위에 다시 특소세, 교육세가 중첩적(tax on tax)으로 부과되고, 이러한 과세후 가격을 기준으로 부가세, 취득세, 등록세, 공채가 부과됨.

증명표장 Certification Mark

증명업자가 상품자체에 관하여 일정한 품질 또는 성능을 갖추었음을 나타내는 표지

지라르 공식 Girard formula

2002~2003년간 DDA 비농산물 시장접근(NAMA) 협상그룹의 의장을 맡았던 Girard 스위스 대사가 2003년 5월 제안한 관세감축공식. 관세가 높을수록 관세감축폭이 커지는 스위스 공식을 기초로 하고 있으나, 각국의 평균관세율에 따라 관세상한이 달라지게 되어있음. 평균관세율이 높은 개도국 일수록 높은 수준의 관세상한을 유지할 수 있는 공식이어서 개도국은 선호하고 선진국은 이에 강하게 반대하고 있음. 아르헨티나, 브라질, 인도 등도 주장하여, ABI 공식으로도 불림.

$$t_1 = \frac{t_0 \times B \times T_a}{t_0 + B \times T_a}$$

t_1 = 공식후 관세율 t_0 = 공식전 관세율 T_a = 각국 평균관세율 B = 계수

지리적 표시 GI(Geographical Indication)

TRIPS 제22조에 규정된 정의에 따르면, 상품의 품질이 생산지의 기후, 풍토 등과 밀접한 관련이 있을 경우 상품의 생산지를 알리는 표시를 일컬음. 지리적 표시 자체가 상표로서 식별력을 갖고 있음을 인정하는 것으로 주로 포도주(wine), 증류주(spirit), 생수(mineral water), 커피, 치즈 등 농산물에 적용됨. TRIPS는 일반적인 지리적 표시의 보호 규정 외에 포도주, 증류주에 대한 추가적 보호의무를 규정하고 있음. 상품의 품질이나 명성이 지리적 특성에 근거를 두고 있는 상품임을 알리는 것으로 WTO협정에 규정되어 있음. 지리적표시제 등록상품은 법적으로 표시권을 보호받아 비등록 품목이 등록품목의 지리적 표시를 사용하거나 유사한 표시를 하는 경우, 해당 법에 의해 처벌받게 됨. 보성 녹차, 안동 소주, 보르도 포도주, 스카치위스키 등이 대표적인 지리적표시제 상품.

지배적 통신사업자 major supplier

WTO 참조문서에 따르면 지배적 사업자라 함은 필수설비에 대한 통제와 시장에서의 지위를 활용하여 공중 전기통신서비스의 관련 시장에서 참가조건(요금 및 공급 측면)에 실질적으로 영향을 미칠 수 있는 능력을 가진 공중 전기통신서비스 공급자를 의미함.

지식재산권 IPRs(Intellectual Property Rights)

인간의 지적 창조물 중에서 법으로 보호할 만한 가치가 있는 것들에 대하여 법이 부여하는 권리. 지식재산권은 문학적 또는 미술적 저작물에 대한 권리인 저작권과 산업적 또는 영업적 재산권인 산업재산권의 두가지 유형으로 대별됨. 산업재산권은 다시 세분하여 기술적 사상의 창작에 대한 법적 보호로서 부여되는 특허권, 공산품의 외형에 대하여 부여되는 의장권, 타인의 상품과 식별력을 가지는 상징에 대해 부여되는 상표권 등이 있음.

지역무역협정 RTA(Regional Trade Agreement)

자유무역협정, 관세동맹, 공동시장 등을 총칭. GATT 24조 및 GATS 5조에 따라 일정 요건을 갖춘 지역무역협정에 대해서는 GATT의 일반원칙인 MFN 원칙이 적용되지 않도록 하고 있으며, 이에 따라 역내의 국가에게 더 낮은 관세를 부여할 수 있게 됨.

집적법 Build-down Method

역내 부가가치를 계산하는 방식의 하나로 역내산 재료비가 물품가격에서 차지하는 비율을 기준으로 역내 부가가치를 계산.

$$\text{역내 부가가치비율} = \frac{\text{역내산 재료비}}{\text{물품가격}} \times 100$$

집적회로 배치 설계 lay-out designs of integrated circuits

고도의 논리 및 연산회로를 구성하는 반도체의 집적회로를 제작하기 위해 트랜지스터 등 반도체 회로 소자를 연결하는 평면적 또는 입체적 설계를 말하며, 지식재산권의 한 형태로서 집적회로에관한지식재산권협약(IPIC 협약) 및 무역관련지식재산권협약(TRIPS)에 의해 보호되고 있음. TRIPS는 IPIC협약을 원용, 집적회로 배치설계의 창작성 요건, 보호의 법적형태, 내국민 대우 등을 명시적으로 규정(35조)하고 있으며, 집적회로 배치설계의 불법복제를 통한 상업적 유통 금지의무(36조), 권리자의 승인을 요하지 아니하는 복제행위(37조)의 요건 등에 관해 규정하고 있음.

체약국 contracting party

GATT 협정을 체결한 국가. 체약국이 공동으로 의사결정을 하는 경우 체약국단(CONTRACTING PARTIES)이 됨. WTO는 영속적인 국제기구이므로 현재는 체약국이라는 표현 대신 WTO 회원국이라고 부름.

최빈개도국 LDCs(Least-Developed Countries)

1인당 GNP, 신생아 사망률, 일인당 칼로리 공급율, 초중교육 등록율, 문맹률, GDP 대비 제조업 비율, 산업내 고용비율, 일인당 전기 소비량, 수출집중율을 기준으로 정함. 이 같은 지표들과 최빈개도국으로 지정된 국가들은 3년마다 UN 경제사회이사회(ECOSOC)에 의해 검토됨. 현재 49개국임. Afghanistan, Angola, Bangladesh, Benin, Bhutan, Burkina Faso, Burundi, Cambodia, Central African Republic, Chad, Comoros, Democratic Republic of the Congo, Djibouti, Equatorial Guinea, Eritrea, Ethiopia, Gambia, Guinea, Guinea-Bissau, Haiti, Kiribati, Lao People's Democratic Republic, Lesotho, Liberia, Madagascar, Malawi, Mali, Mauritania, Mozambique, Myanmar, Nepal, Niger, Rwanda, Samoa, São Tomé and Príncipe, Senegal, Sierra Leone, Solomon Islands, Somalia, South Sudan, Sudan, Timor-Leste, Togo, Tuvalu, Uganda, United Republic of Tanzania ,Vanuatu, Yemen, Zambia

최소대우기준 Minimum Standard of Treatment

국제관습법(Customary International law)상 인정되어 온 외국인투자자에 대한 공정히고 공평힌 대우(fair and equitable treatment)를 보상하는 것으로 일반적으로 적법절차(due process of law)를 의미

최소부과원칙 lesser duty rule

산업피해를 제거할 수 있다면, 덤핑마진(수출자의 자국내 판매가격과 수출가격의 차이)과 피해마진(수입국내 국내산업의 판매가격과 수입가격(수출자의 수출가격)의 차이)중 작은 것 만큼만 반덤핑 관세가 부과되도록 하는 원칙. 현행 WTO 반덤핑 협정에는 권고규정으로 되어 있으나 DDA 협상에서 동 규정을 강행규정으로 할 것인지에 대해 협상이 이루어지고 있음.

최소시장접근 MMA(Minimum Market Access)

WTO 농업협정상의 시장접근 방식의 하나. UR 농산물협상에서 관세화 품목의 기준 년도 수입이 국내소비량의 3% 미만일 경우, UR 이행기간 내에 저율관세의 시장접근 기회를 보장하도록 하였으며, 초기 년도 3%에서 최종 년도 5%까지 증량토록 합의되어 국별 양허안에 반영됨. 최소시장접근물량에 대해서는 국별 양허안에 제시된 저율관세가 적용됨.

최소허용보조 de minimis

선진국에 대해서는 농업생산의 5%, 개도국에게는 10%까지 인정되는 허용 보조금. 이 보조금은 AMS에 포함되지 않음. DDA 협상에서는 동 최소 허용보조의 감축도 논의되고 있음.

최종용도(end-use)에 따른 환경상품 분류 방식

환경상품(environmental goods)을 분류하기 위한 기준 중의 하나로서 상품이 소비되는 최종용도에 따라 분류하는 방식. 하나의 상품이 여러 용도로 쓰일 수 있으므로 최종용도가 환경오염관리나 오염 방지를 위한 것일 경우 환경상품으로 분류하는 방식. 이 방식은 PPMs(생산공정)에 근거한 분류방식과 대비되는 개념으로 쓰임.

최초협상국 권한 INR(Initial Negotiation Right)

GATT 제28조 양허표 수정 협상에서 양허 철회국은 종래 관세협상에서 당해 양허 세율을 선정할 때 직접 협상을 행한 상대국과 협의를 해야 한다는 의무가 규정되어 있음. 따라서, 최초협상국에게는 권한이 됨.

최혜국대우 MFN(Most-Favoured Nation Treatment)

통상·항해조약 등에서 한 나라가 어떤 외국에 부여하고 있는 가장 유리한 대우를 상대국에도 부여하는 원칙으로 GATT 기본원칙 중 하나. 이는 그 나라의 영역에 있어서 외국인 상호간의 대우를 동일하게 하자는 취지이며, 내국민대우(National Treatment)와 병용됨으로써 내외국인을 불문하고 모든 국민이 동등한 권리를 갖는 기능을 수행하게 됨.

최혜국대우 면제 MFN exemption

GATS에 의하면 회원국들은 특정한 분야에 대해서는 최혜국대우를 적용하지 않는 것이 허용됨. 대개의 경우, 각 국가들은 특혜협약, 또는 지역협정 등을 기 체결한 바 있어 이러한 예외 규정이 필요하게 됨. 최혜국 대우 면제조항은 원칙적으로 10년간 유효하며 매 5년마다 심의를 거쳐야 함. 많은 WTO 회원국들은 GATS 발효시 동 면제조항을 채택하였고, 그 외의 일부국가들은 가입시부터 면제조항을 적용 받고 있음. 기존 협정국들도 새로운 면제를 받을 수 있으나 이는 WTO 각료회의에서 회원국의 3/4 이상의 동의를 얻어야만 가능함.

최혜국대우 실행세율 MFN Applied Rate

최혜국대우를 받는 나라들에 적용하는 관세율

카리브해공동시장 Caricom(The Caribbean Community and Common Market)

1973년 창설된 관세동맹형태의 카리브해 연안 국가들의 연합. 15개 국가로 구성되어 있음. (Antigua and Barbuda, The Bahamas, Barbados, Belize, Dominica, Grenada, Guyana, Haiti, Jamaica, Montserrat, St. Kitts and Nevis, St. Lucia, St. Vincent and the Grenadines, Suriname, Trinidad and Tobago)

컨센서스 consensus

WTO에서 사용되는 방식으로 별도 투표절차 없이 반대의사를 표명하는 나라가 없는 경우 합의된 것으로 간주하는 의사결정 방식. WTO 협정에는 투표에 대한 규정이 존재하기는 하나 대부분 컨센서스 방식에 따라 결정이 내려짐.

컨테이너안전협정 CSI(Container Security Initiative)

미 세관 직원을 주요 항만에 파견하여 미국행 컨테이너에 대한 보안 검색 수행, 검사대상 컨테이너 선별은 우리나라 선사가 미 관세청으로 선적24시간 전에 전자적으로 제출하는 선적정보를 토대로 미국의 ATS를 이용한 분석을 통해 우범 컨테이너를 선별하여 검사실시하는 시스템 구축

케네디 라운드 Kennedy Round

1964년부터 1967년까지 제네바에서 개최되었던 GATT의 제6차 다자간 무역협상. 케네디 대통령에 의해 개시되어서 그의 이름을 따서 명명하였으며, 총 62개국이 참여. 품목별 협상과 공식에 의한 감축방식(formula approach)을 병행하여 진행하였고 선진국의 관세율을 평균적으로 35% 인하하였음. 반덤핑 및 관세평가에 대한 합의를 도출

케언즈그룹　Cairns Group
농산물 수출국 중 수출 보조금을 지급하지 않는 국가들의 그룹으로서 1986년 호주의 Cairns시에서 공식 결성되었으며, 회원국은 19개임. (캐나다, 칠레, 브라질, 아르헨티나, 파라과이, 우루과이, 인도네시아, 필리핀, 태국, 호주, 뉴질랜드, 콜롬비아, 말레이시아, 남아공, 볼리비아, 코스타리카, 과테말라, 피지, 페루)

쿼터내 관세율　in-quota rate
관세할당(TRQ) 물량 내에서 수입되는 물품에 적용되는 관세. 현행 시장접근 또는 최소시장접근을 보장할 수 있도록 관세할당물량 이상의 수입에 부과하는 관세(out-of-quota rate)보다 낮음.

쿼터외 관세율　out-of-quota rate
관세할당(TRQ) 물량 초과 수입분에 대해 적용되는 관세로 통상 상당히 높은 수준

탄력관세　Flexible Tariff
급격하게 변동하는 국내외 경제여건에 신축적으로 대응하기 위해 법률이 허용하는 범위내에서 행정부가 실행관세율을 변경하는 제도. 이는 우리나라뿐만 아니라 일본 등 주요 선진국들도 채택하고 있는 관세임. 탄력관세는 그 운용목적에 따라 덤핑방지관세(Anti-dumping duties), 보복관세(Retaliatory duties), 긴급관세(Emergency duties), 상계관세(Countervailing duties), 조정관세(Adjustment duties), 할당관세(Autonomous tariff quotas) 등이 있음.

탄소발자국　carbon footprint scheme
특정상품의 생산과정에서 배출된 이산화탄소량에 대한 정보를 소비자에게 제공하는 환경라벨의 한 유형. 인간이 생활속에서 발생시키는 이산화탄소가 지구에 미치는 영향을 알기 위한 지표로 우리가 지구에 미치는 영향을 줄이자는 의미로 시작된 개념. 우리나라는 2009년 2월부터 "탄소성적표시제도"를 시행하는 있는데, 탄소배출량 인증 및 저탄소 제품 인증의 2단계로 구성되며, 2012년 12월 31일 현재 131개 기업, 263개 사업장, 807개 제품에 대해 인증이 부여되어 있음.

태평양경제협력회의　PECC(Pacific Economic Cooperation Conference)
아시아·태평양 지역 관련 이슈에 대해 동일한 전망과 전문성을 공유하는 업계, 학계 및 정계의 대표들로 구성된 협의체. 1980년에 설립되었음.

택일조항 Fork in the road

택일조항(Fork in the road)은 국내재판절차와 국제중재절차가 동시에 진행되는 것을 방지하기 위해 국내재판절차와 국제중재절차 중 하나를 선택하면, 다른 절차로의 이행이 불가능하다는 원칙.
이에 비해 포기조항(waiver)은 국내절차를 진행하더라도 이를 포기하고 국제중재절차를 개시할 수 있다는 점에서 차이가 있음.

통관시 보호조치 border protection

반입시점에서 수입에 제한을 가하는 조치를 총칭

통관 후 심사 Post Clearance Audit

상품이 반출된 뒤 관세법 및 기타 관련 법 준수 여부 확인을 위해 세관 당국에 의해 이루어지는 심사

통보 notification

WTO가 관장하는 협정들의 당사국들에게 영향이 미칠 수 있는 무역조치를 취하였을 경우 이러한 사실을 WTO의 관련기관에 보고하도록 한 것. 통보는 투명성을 제고시키며 WTO의 감독기능을 지원함.

통상촉진권한 TPA(Trade Promotion Authority)

미국 행정부의 통상협상 권한. 예전에는 신속처리권한(Fast Track Authority)이라고 불리움. 미국은 통상협상권한이 의회에 있기 때문에 행정부가 통상협상에 책임있게 나서기 위해서는 의회로부터 TPA를 부여받아야 함. TPA가 부여되면 의회는 행정부의 협상 결과에 가부만의 의사표시만 하게됨.

통일규칙 Uniform Regulation

FTA 협정에 따라 상품에 대한 내국민대우 및 시장접근, 원산지 규정, 통관절차 및 양 당사국이 합의하는 그 밖의 문제에 관한 해석, 적용 및 운영에 관한 지침.

통합협정문 Consolidated Text

FTA협상을 벌이고 있는 양국이 각각 작성한 협정문 초안을 비교·검토해 동일한 문안은 통일하고, 상이한 문안은 괄호처리를 하고 병렬하여, 2개의 초안을 하나의 협정문안으로 작성한 형태로, 협상의 기초로 활용함.

특별 긴급수입제한조치 SSG(Special Safeguards)
UR 협상에서 농산물에 대한 예외없는 관세화를 한 후 일정 상황에서 관세를 통한 추가 보호를 인정한 제도. WTO 농업협정 제5조에 의해 인정. 미리 정해진 품목에 대하여 수입량이 정해진 기준을 초과하거나 수입가격이 정해진 수준을 미달한 경우, 회원국은 농산물에 대한 추가적인 관세를 부과할 수 있음. 일반 세이프가드와는 달리 국내 산업의 심각한 피해가 확인되지 않더라도 수입제한조치를 발동할 수 있다는 것이 특징임.

특별법 우선의 원칙 lex speciali
특별법은 일반법(lex generali)에 우선한다는 국제법 원칙

특별품목 Special Product
농업 협상에서 개도국이 식량안보·생계유지·농촌개발에 기초한 지표에 근거하여 지정함으로써 여타 품목에 비해 더 낮은 관세 감축률이 적용되는 품목

특정 제약하의 직접지불 Blue Box
WTO 농업협정상 국내보조의 한 분류로 무역 및 생산왜곡 효과는 있으나, 생산제한 계획을 전제로 국내보조 감축약속 대상에서 면제되는 보조금. 현 DDA 협상에서는 새로운 블루박스 형태를 신설하는 대신, 총 블루박스 한도 및 품목별 한도를 설정하는 방향으로 논의가 진행중임.

특정성 specificity
WTO 보조금 및 상계조치에 관한 협정에서 사용되는 개념으로 어떤 보조금이 특정성이 있는 경우에만 WTO 보조금 및 상계조치에 관한 협정상 상계(조치)가능 보조금이 됨(금지 보조금인 경우에는 특정성은 자동으로 인정). 특정성에 대한 명확한 정의는 없으나 보조금지급이 객관적 기준이나 조건을 명시함이 없이 일부 기업에 제한되거나, 소수특정 기업에 지나치게 거액의 보조금이 지급되는 경우에는 특정성이 있다고 보고 있음. WTO 협정은 보조금의 지급이 특정기업으로 명백히 한정되는 경우에는 특정성이 있다고 보고 있으며, 보조금의 수혜가 종업원 수 또는 기업의 규모와 같이 중립적이고 경제적이며 객관적 기준과 조건에 따라 자동적으로 정해지고 이러한 기준과 조건이 엄격히 준수되는 경우에는 특정성이 없다고 보고 있음. 또한 외견상 특정성이 없음에도 불구하고 보조금이 사실상 특정적일 수 있다고 믿을 만한 이유가 있는 경우에는 보조금 지원 프로그램에 참여한 기업의 수, 각 기업에 배정된 금액 및 공여기관의 재량권행사방식을 고려하여 특정성 여부를 판단할 수 있도록 하고 있음.

특허 patent
기술적 창작에 대한 독점배타적 권리. TRIPS 협정상 특허권은 출원일로부터 20년간 신규성, 진보성, 산업상 이용가능성이 있는 모든 기술분야의 물질/제법에 대한 발명에 주어짐.

특허실체법조약 SPLT(Substantive Patent Law Treaty)
2000년 WIPO 주관으로 각국의 특허절차법을 수렴시키는 특허법조약이 발표된 이후, 실체적인 특허 요건을 통일화하기 위한 논의가 특허실체법조약이란 형태로 진행중. 특허의 대상, 선출원주의 및 유예기간 등이 주요 쟁점임.

특허협력조약 PCT(Patent Cooperation Treaty)
파리조약 제19조에 근거, 1970년 6월 워싱턴에서 조인, 1978년 1월 24일에 발효. 동일한 발명에 대하여 다수국에서 특허를 취득하고자 하는 경우 출원비용 및 절차의 부담경감, 각국 특허청의 중복심사의 노력경감 등을 목적으로 제정. 이러한 목적 달성을 위하여 국제출원제도, 국제조사제도, 국제예비시사제도, 국제공개제도 등을 운영하고 있음.

특혜 preferences
일부 교역 당사국에게만 부여되는 관세인하, 비관세조치 비적용 등의 혜택을 말함.

특혜관세 Preferential Tariff
특정국에서 수입하는 물품에 대해 일반 관세보다 저율의 관세 또는 무관세를 적용함.

특혜마진 margin of preference
최혜국 대우 관세와 특혜관세의 차이

특혜원산지규정 preferential rules of origin
NAFTA 등 자유무역협정이나 관세동맹을 통하여 상호 무역상의 특혜를 부여하거나 GSP 등과 같이 일방적인 특혜를 부여하는 경우, 수입국이 원산지를 결정하기 위해 사용하는 규정. WTO 원산지협정은 특혜원산지 판정에는 적용되지 않음.

특혜침식 preference erosion
특혜 무역을 통해 선진국 시장에 접근해왔던 일부 개도국은 현재의 MFN 관세율과 특혜 관세율의 차이만큼의 특혜를 얻고 있었는데, DDA 협상에서 MFN 세율이 낮아지게 되면 그동안 누려왔던 특혜의 크기가 줄어들게 됨. 이를 특혜 침식이라고 부름. 일부 개도국들은 관세 인하 논의시 특혜 침식 문제를 고려해야 한다고 주장하고 있음.

파리클럽 Paris Club
주로 OECD 회원국으로 구성된 포럼으로 대출금 상환이 어려운 상황에 처해 있는 채무국과 채권국을 한 자리에서 만나게 하는 것을 목적으로 설립되었음. 동 포럼은 채무기한 연장 및 기타 다른 제도적 장치를 통하여 채무불이행 방지를 추구함.

파리조약 Paris Convention for the Protection of Industrial Property
1883년 3월 20일 산업재산권의 국제적 보호를 위하여 파리에서 조인. 1884년 체결된 이래 수차례의 개정이 있었으며, WIPO가 관장하고 있음. 내외국인 평등의 원칙, 우선권 제도, 특허독립의 원칙을 3대 기본이념으로 하며, 저작권을 제외한 특허, 실용신안, 디자인, 상표, 서비스마크, 상호, 원산지표시, 부정경쟁방지, 발명자 등을 대상으로 함.

편법 관세화 dirty tariffication
UR 협상시 비관세장벽을 관세로 전환될 때 그 관세를 실행관세율보다 상당히 높은 수준으로 양허하는 것.

평균반출시간 Average Release Time
수입화물이 공항만에 도착해서 반출될 때까지 걸리는 시간을 의미하며, 동 시간을 측정을 통해 화물처리 단계별 지체지점(Bottleneck)을 파악, 그 원인을 분석하고 개선 방안을 마련함으로써 통관 시간을 단축시킬 수 있음.

평행주의 Parallelism
WTO 세이프가드 협정 제2.1조(조치적용조건)와 제4.2조(산업피해판정) 하에 내려진 판정에 포함된 수입은 제2.2조(조치적용)하에 내려진 조치의 적용에 포함되는 수입에 상응해야 함을 뜻함. 즉, 판정 대상과 조치 대상이 상응해야 함을 뜻함.

평화조항 Peace Clause
WTO 농업협정 요건에 따라 지급되는 국내 보조, 수출보조에 대해서는 협정 이행기간(선진국의 경우 6년이나 평화조항과 관련한 이행기간은 9년) 동안 보조금 협정에 따른 제소를 당하지 않도록 한 조항. WTO 농업협정 제13조에 규정되어 있음.

포괄적경제동반자협정 CEPA(Comprehensive Economic Partnership Agreement)

협정당사국 사이를 보다 긴밀한 경제협력관계로 발전시키기 위해 상품·서비스 교역의 자유화뿐만 아니라 투자·경제협력 등 경제관계 전반을 포괄하는 내용의 협정을 말함. 시장개방보다는 경제협력을 강조하고 있지만, 표현만 다를 뿐 교역자유화의 추진이 들어간다는 점에서 우리나라가 미국, 칠레 등과 타결한 자유무역협정(FTA)과 사실상 동일함.

표적덤핑 Targeted Dumping

수출자가 특정구매자, 특정시기, 특정지역에만 집중적으로 덤핑을 하는 것.

표준상호접속제안 RIO(Reference Interconnection Offer)

상호접속을 원하는 사업자간 계약 체결시 활용할 수 있는 표준 양식

표준화된 관세분류체제 HS(Harmonized Commodity Description and Coding System)

WCO(세계관세기구)의 주관 하에 체결된 상품분류에 관한 국제협약으로서 1988년 발효되었음. 이후 두 차례 개정되어 1993년 HS96, 1999년 HS2002가 채택되었음. HS 분류는 통상 6단위(Sub-Heading:소호)까지를 공통으로 하고 있으며, 6단위 이하의 세 분류는 가입국들이 자국 사정에 따라 자율적으로 결정할 수 있음. 우리나라는 10단위까지 세분한 HSK(Harmonized System of Korea)를 운용하고 있음.

품목허가와 특허간 연계 Patent Linkage

특허권자의 동의가 없는 한, 오리지널 의약품의 특허기간 중 제네릭 의약품의 품목 허가를 금지하는 제도.

※ 미국의 경우, 제네릭 의약품 신청자가 특허 침해 여부를 확인하여 자발적으로 선언하는 방식으로 patent linkage 제도 운영
- 제네릭 의약품 신청자는 관련 의약품 특허권자·품목허가권자에게 제네릭 허가 신청 사실을 통보하여야 하며, 통보받은 특허권자가 45일 내에 제네릭 업체를 제소하는 경우 시판허가는 30개월간 자동적으로 정지됨.

피해 injury

덤핑, 보조금, 수입급증 등 해외의 수출업자가 취한 행동에 의해 국내산업이 겪는 부정적인 효과. 덤핑 및 보조금의 경우 실질적 피해(material injury)가 있을 경우 반덤핑 관세 또는 상계관세 부과가 가능함. 긴급수입제한조치(safeguard)의 경우에는 심각한 피해(serious injury)가 발생하였을 때 적용할 수 있음. 실질적 피해(material injury)와 심각한 피해라는 용어는 모두 주관적인 판단에 기초한 것이나 '심각한 피해'가 '실질적 피해'보다 정도가 더 심한 것으로 간주됨. 현재 DDA 규범 협상에서 실질적 피해의 정의 규정을 만들자는 제안이 논의되고 있음.

픽업 트럭 Pick-up Truck
지붕이 없는 화물칸이 운전칸 뒤에 있는 차량으로 화물운송 용도이외에 출퇴근용으로 겸용되며, 트럭과 세단 중간정도의 승차감을 갖고 있고 운전칸에 2열시트가 있는 차량(long cab)도 있음. (미국 관세율 25%)

필수설비 Essential Facilities
통신서비스를 제공하기 위하여 없어서는 안 되는 공중통신망 또는 서비스의 설비로, 단일 혹은 제한된 수의 서비스 제공자에 의해 소유되고, 서비스 제공을 위해 경제적으로나 기술적으로 대체될 수 없는 설비를 의미.

하한 설정 flooring
관세감축에 있어서 어느 정도 이하로는 하지 않도록 하는 것. capping의 반대 개념

한도양허 ceiling binding
UR 협상 당시 개도국에게 허용된 미양허 농산물의 양허방법의 일종으로, 일반적인 관세상당치 계산 방법 대신 협상에 의해 결정되는 특정세율로 양허하는 방식. 많은 경우 실행관세율보다 다소 높은 수준에서 결정

할당관세 Autonomous Tariff
수입품 일정 수량에 대해서는 낮은 관세율을 적용하지만 동 수량을 초과한 수입분에 대해서는 더 높은 관세율을 적용하는 탄력관세의 일종. 원활한 물자수급 또는 산업의 경쟁력을 위하여 특정물품의 수입을 촉진시킬 필요가 있는 경우, 해당 물품의 일정 할당량까지는 기본관세율의 40%를 감하여 관세를 부과함. 그러나 수입을 억제할 필요가 있을 경우에는 일정한 할당량을 초과하는 수량에 대해 기본관세율의 140%를 관세로 부과함.

항만유지비 Harbor Maintenance Fee
수입품이 미국의 항만을 이용하여 미국내로 수입될 때, 항만사용, 즉 반입승인, 내륙운송 승인 등에 따른 수수료를 징수하는 것을 뜻함. 수입화물 가격의 0.125%가 부과됨.

해외민간투자공사 OPIC(Overseas Private Investment Corporation)
1961년의 대외원조법에 의거하여 1969년 미 국무부산하에 독립채산제 기관으로 설립되었으며, 1971년 USAID(US Agency for International Development,

국제개발청)가 수행해오던 해외투자보험 업무 등을 인수하여 본격적인 업무를 개시함. OPIC의 기본목표는 ① 저소득국가에 대한 경제적 지원과 ② 미국의 수출과 고용증진 효과로서 USAID가 주로 보건, 교육 등 공공성을 띤 사업을 지원대상으로 하는 반면, OPIC는 상업적으로 채산성이 있는 사업을 지원함.

해저케이블
대륙과 대륙, 육지와 섬 등과 같이 바다를 사이에 두고 격리된 두 지점사이의 통신을 위해 해저에 부설되는 케이블

해적행위 piracy
출판물이나 음반 등을 저작권 및 인접권리의 소유권자의 허가 없이 대중유통을 위한 상업적인 목적으로 복제하는 행위

허용보조 Green Box
WTO 농업협정상 무역 및 생산왜곡 효과가 없거나 미미한 것으로 간주되어 감축 의무로부터 면제되는 보조금

허용보조금 non-actionable subsidies
WTO의 보조금 및 상계조치에 관한 협정에 의해 인정되는 보조금으로 특정성이 있으나 상계관세의 대상이나 WTO 직접 제소의 대상이 되지 않는 보조금. 연구개발 지원, 낙후된 지역 지원, 환경 관련 보조금이 이에 해당. WTO 보조금 및 상계조치에 관한 협정은 허용 보조금 관련 규정은 1999년 12월 31일까지만 효력이 있음을 규정하고 있어, 현재 허용 보조금은 인정되고 있지 않음.

현지주재 LP(Local Presence)
negative 방식의 FTA 서비스 협정문상의 3대 의무중 하나로, 서비스공급의 조건으로 대표사무소나 기업을 설립하거나, 거주를 해야 한다는 등의 의무를 부과하지 않도록 하는 의무를 의미함. 다만, 협정 당사국은 서비스 각 분야별로 현지 주재 의무를 부과하고자 할 경우 이를 유보안에 명시 필요.

현행동결 StandstIll
협상시 어떤 특정한 시기 (대체로 협정 발효시점) 이후에는 새로운 무역제한 조치를 도입하지 않기로 하는 약속

현행시장접근 CMA(Current Market Access)
WTO 농업협정상의 시장접근 방식의 하나. UR 농산물협상에서 관세화 품목의 기준년도 수입이 국내소비량의 3%를 초과하는 경우, UR 이행기간동안 기준년도 시장접근 기회를 계속 보장토록 한다는 시장개방 약속방식임

협상 세부원칙 modalities
DDA 농업, NAMA 협상에서 관세감축율, 감축공식 등 협상의 기초가 되는 세부원칙. modalities가 확정되면 각 회원국은 modalities에 따라 국별 이행계획서를 제출하여 검증을 받게 됨.

협상 주요 4개국 Quad
주요 현안에 대해 사전회의를 통해 의견을 조율함으로써 국제통상 협상에 막강한 영향력을 행사하고 있는 4개국. 종전에는 미국, EU, 일본, 캐나다를 지칭하였으나, 최근 DDA 협상에서는 미국, EU, 인도, 브라질 등 4개국을 의미함(이를 4개국은 New-Quad라고도 불리움).

협의 consultation
WTO 분쟁해결절차의 첫 단계로서 분쟁당사국이 패널에 앞서 현안의 협력적 해결을 목적으로 상대국과 협의를 가지는 것.

협정가입 조건부 최혜국대우 code-conditioned most-favored-nation-treatment
최혜국대우가 특정 협정의 회원국에만 부여되는 경우로서, WTO 정부조달협정이 그 예임.

협정별 제안 ASPs(Agreement-Specific Proposals)
WTO 각 협정 및 결정상의 개도국 우대 조항 관련 제안(2013년 현재 총 88개로 확인 됨)

혜택의 거부 denial of benefits
특정 서비스가 어느 회원국 역내에서 발생하지 않았다는 사실을 증명하거나 서비스 공급 기업이 WTO 회원국의 국적을 가지지 않는 경우, GATS 협정상의 혜택을 부여하지 않아도 되는 권리

확정 반덤핑관세 definitive anti-dumping duties
정식 반덤핑 조사를 완료한 후 부과되는 반덤핑관세. 반덤핑 협정은 국내 산업 피해를 조기에 구제하기 위하여 잠정(provisional) 반덤핑 관세 부과를 인정하고 있어, 그에 대비되는 개념

환경라벨링 eco-labelling
환경친화적 제품에 관한 정보를 소비자에게 제공하고 기업이 환경 친화적 제품을 개발토록 인센티브를 주려는 목적 하에, 개별제품이 일정한 환경기준을 충족시킬 경우, 당해제품이 환경에 적합하다는 내용의 문구-표지를 제품에 부착하는 것임. 이러한 환경라벨링이 무역장벽으로 기능하지 않도록 하기 위해 WTO무역환경위원회 및 TBT위원회의 의제로서 검토되고 있음.

환경에 대한 품질인정 마크 e-mark, eco-mark
저공해 상품에 붙여줌으로서 소비자들에게는 어떤 것이 저공해상품인지를 알리고 기업에게는 저공해상품기술개발에 앞장서도록 하는 제도임. EU, 북유럽, 캐나다, 미국, 일본 등 약 40개국에서 시행중이며 우리나라도 1992년부터 도입

환경협의회 EAC(Environmental Affairs Council)
한·미 양국의 환경담당 고위 당국자로 구성되어 한·미 FTA 환경 chapter 이행문제를 다루는 기구로 미국이 제안

환적물품 Transshipment Goods
외국무역선에 의하여 우리나라에 도착한 외국화물을 제3국행 화물이므로 수출입 통관절차없이 외국으로 반출하는 물품

환태평양 경제동반자협정 TPP(Trans-Pacific Partnership)
뉴질랜드, 싱가포르, 칠레, 브루나이 4개국 체제(Pacific Four Agreement: P4)로 2006년 출범했으나, 2010년 미국, 호주 등이 P4 협상에 참여하면서 공식명칭도 P4에서 TPP로 바뀌었으며, 현재 협정문 개정 및 확대 협상이 진행되고 있음. 2013년 4월 현재 11개국(P4+미국, 호주, 페루, 베트남, 말레이시아, 캐나다, 멕시코) 이 협상에 참여하고 있으며, 일본이 2013년 3월 15일 협상 참여를 공식 선언하여 2013년 하반기부터 협상에 참여할 것으로 예상됨.
포괄적이며 높은 수준의 경제통합을 목표로 2010년 3월부터 2013년 3월까지 총 16차례 협상이 개최되었으며, 2013년 말 타결을 목표로 진행되고 있음. 최초에 2011년 타결을 목표로 설정한 이래 협상 타결 시한은 매년 연장되고 있음.

TPP 성사시 2011년 기준 전세계 명목 GDP의 38.2%를 차지(일본 포함시)하는 아태지역 최대의 경제통합체가 될 전망임.
미국이 아태지역 경제통합에 있어서 중국을 견제하려는 목적이 크다고 알려져 있음.

활성성분 Active Moiety

직접 또는 간접적으로 그 성분 자체가 가지고 있는 약리작용이 제제의 효능 및 효과로 기대되는 성분을 말하며 주성분과 보조성분이 있음

황금주 Golden Share

단 1주 만으로도 주주총회 의결사항에 대하여 거부권을 행사할 수 있는 권리를 가진 주식을 의미함.

회색지대조치 grey area measure

GATT 제19조의 safeguard 조치는 무차별적으로 적용해야 하며 보상의무와 보복 가능성이 있기 때문에 발동국은 많은 부담을 가지게 됨. 따라서 수출이 급증한 국가에만 선별적으로 발동하는 것이 유리한 데 GATT 제19조에 따르면 선별적 조치가 불가능하므로 safeguard 발동이나 반덤핑, 상계관세부과를 유보하겠다는 것을 조건으로 상대국과 선별적인 규제협정을 맺는 경우가 많다. 이는 수출자율 규제협정(VER) 등의 형태로 맺어지는데 이러한 협정들은 불법적이라는 점에서 회색지대조치라고 불리게 되었음.

후기(後期)이행 backloading

법적으로 가능한 최종시점까지는 협정상의 의무 이행을 보류하는 관행을 의미. 이는 WTO 섬유 및 의류 협정하에서 일부 선진국들이 활용한 바 있음.

113조 위원회 Article 113 Committee

로마조약 제113조에 의거하여 구성된 EU 각료이사회의 산하기관. 제113조 위원회는 집행위원회가 EU를 대표하여 대외통상 및 관세문제에 관한 대외교섭을 하는 과정에서 전반적인 협상의 지침을 제공하고 자문의 역할을 담당하는 등 집행위원회를 지원하며, 집행위원회는 제113조 위원회에 의해 제공되는 협상의 전반적인 지침 하에서 실제적인 협상을 수행하여야 함.

1개 이상의 모드를 요하는 수송 multi-modal

GATS 협상에서는 국제수송을 포함하는 door-to-door 서비스의 경우 multi-modal이 됨.

21세기 지구환경의제 Agenda 21(The Agenda for the 21st Century)
1992년 6월 14일 리우 데 자네이로에서 개최된 유엔환경개발위원회(UNCED) 회의에서 채택한 의제로 환경관련 지속가능한 개발을 위한 원칙 및 행동 계획

22조 면제 Section 22 waiver
수입농산물이 미국의 농업계획을 방해할 경우 수량제한(quantitative restrictions)이나 (일반관세보다 높은) 초과 수수료를 부과할 수 있는 미 농업조정법(Agricultural Adjustment Act) 제22조를 일컫는 말로 미국은 1955년에 GATT로부터 농업조정법 제22조 적용을 무기한 면제받았음.

77 개도국 모임 G77(Group of 77)
1964년 UNCTAD(유엔무역개발회의)의 제1차 회의시 구성된 개도국 77개국을 말함. 개발도상국간의 경제협력촉진 및 제3세계의 경제적 공동이익 강구와 신국제경제질서 수립을 위한 선진국과의 교섭능력의 제고를 그 설립목적으로 하고 있으며, 현재는 131개국임.

7월 패키지 July Package
2004년 8월 1일 일반이사회 결정으로 채택된 DDA 협상 기본골격 합의(Framework Agreement). 동 결정 내용이 7월에 제안되고 논의되어 7월 패키지로 부르나, 실제 의결 날짜는 8월 1일 새벽이었음. 7월 패키지 합의에 따라 2003년 9월 칸쿤 각료회의 결렬이후 침체에 빠진 DDA 협상이 본격화될 수 있는 계기가 마련됨.

A-7 pricing
혁신적 신약(innovative drug)의 가격을 결정하는 방식임. 선진7개국(미국, 영국, 독일, 프랑스, 이태리, 스위스 및 일본)의 공장도 출하가격을 평균한 금액과 부가가치세(10%), 도매마진(5.25%)을 합산하여 결정.

  ※ 혁신적 신약
     비용 또는 효과 등에서 기등재 의약품과 비교하여 뚜렷이 개선된 의약품

Agenda 2000
EU 집행위원회가 21세기 초 유럽 연합을 강화하고 확대시킬 목적으로 1997년 6월에 유럽 의회에 보고한 전략

Amicus Curiae

'법정의 친구(a friend of court)'로 번역되며, 사건의 당사자는 아니나, 판정결과에 영향을 받는 사람으로서, 자발적으로 법률적 의견 내지 기타 사안 관련 정보를 제시하여 재판부의 판단에 도움이 되도록 하는 사람을 지칭.

Analytical Index

GATT 및 WTO 협정 해석 및 적용에 관한 지침으로 WTO 법률국이 정기적으로 보완·발간하고 있음. 각 협정별 조문 내용과 용어에 대한 패널, 상소기구의 해석을 포함하고 있음. 통상법 연구의 필수적인 자료임.

Andean Community

Bolivia, Colombia, Ecuador, Peru, Venezuela 등 5개국간의 산업 및 해외투자 정책을 조정하기 위한 경제 협력체

Anti-Concentration Clause(ACC)

개도국 신축성 사용시 특정 HS Chapter의 전체 배제 불가 조항

Biogenerics

재조합 DNA 기술을 응용하여 제조한 의약품의 제네릭 의약품. 인슐린, 성장호르몬 등이 이에 해당됨.

clawback

GI 보호확대 문제와 관련한 EC의 주장. EC는 GI와 관련된 농산물 list를 마련하여, 동 list에 열거된 지리적 표시는 TRIPS 협정 제23조에 따라 추가 보호하되, TRIPS 협정 제24조상의 예외적용을 배제할 것을 주장. TRIPS 협정 제23조는 포도주와 증류주에 대한 추가적인 보호를 규정하고 있으며, 제24조는 이미 선의로 GI를 상표로 등록, 사용하고 있는 경우 및 관용 명칭이 된 경우 추가적인 보호의 예외가 됨을 규정

contingent measure

WTO 협정 하에서 합법적인 보호 메커니즘으로 덤핑수출, 보조금 지급, 예기치 않는 수입급증 효과를 상쇄하기 위해 발동할 수 있는 조치. 반덤핑조치(anti-dumping measures), 상계관세(countervailing duties), 긴급수입제한조치(safeguards) 등이 있음.

Cotton-4
아프리카 주요 면화생산국들로서 면화보조금 폐지를 주장하는 부르키나파소, 차드, 말리, 베냉으로 구성된 협상그룹

critical mass
사전적 의미로는 '바람직한 결과를 얻기 위한 충분한 양'을 의미하며, 주로 NAMA 협상에서 분야별 자유화를 논의할 때 특정 분야 및 품목의 "세계 교역량 (또는 생산량)의 x %"에 해당되는 국가들이 참여할 경우 자발적으로 분야별 자유화에 참여하고자 하는 국가들의 교역량(또는 생산량)이 "세계 교역량(또는 생산량)의 x %" 기준을 넘게 되면 'critical mass를 형성하였다'고 말함. ITA 협정에서는 critical mass를 교역량 90%로 한 바 있으며, 이를 달성했을 때 ITA 협정이 발효되었음.

CTD(Committee on Trade and Development)
WTO의 무역개발위원회

CTE(Committee on Trade and Environment)
WTO의 무역환경위원회

C-TPAT(Custom-Trade Partnership against Terrorism)
미세관국경보호국(CBP)과 민간 무역업체들 간 협력 프로그램으로 참여 기업에 공장출하에서부터 미국 내 도착까지 화물의 전 유통과정에 걸쳐 보안단계의 공개와 책임 부여

EC의 공동농업정책 CAP (Common Agricultural Policy)
EC에 의해 운영되는 농산물 가격지지 및 보조제도. 공동농업정책의 재원은 유럽농업지도 및 보증기금임.

EU(European Union)
1946년 영국의 수상이었던 윈스턴 처칠(Winston Churchill)이 스위스 취리히 연설에서 유럽에도 국제연합(UN, United Nations)과 비슷한 기구가 필요하다고 역설한 이후 유럽석탄철강공동체(ECSC, European Coal and Steel Community), 유럽경제공동체(EEC, European Economic Community), 유럽원자력공동체(EURATOM,

European Atomic Energy Community)가 설립되어, 유럽공동체(EC, European Communities)로 이어졌다가 1993년 11월 1일 유럽연합이 창립. 2000년대에 들어서는 유럽의 정치 변화와 함께 동유럽 국가들이 대거 가입. 창립목적은 유럽 내 단일시장·단일통화를 실현하여 유럽의 경제·사회 발전을 촉진하고, 공동방위정책을 포함하는 공동외교안보정책을 수립하여 국제무대에서 유럽의 이해를 제고하기 위함임. 회원국은 독일, 프랑스, 영국, 아일랜드, 벨기에, 네덜란드, 룩셈부르크, 덴마크, 스웨덴, 핀란드, 오스트리아, 이탈리아, 스페인, 포르투갈, 그리스, 체코, 헝가리, 폴란드, 슬로바키아, 리투아니아, 라트비아, 에스토니아, 슬로베니아, 키프로스, 몰타, 불가리아, 루마니아 등 27개국이며, 주요 기구로는 각료이사회 및 정상회의 등의 이사회와 집행위원회, 유럽의회, 유럽사법재판소, 유럽회계감사원 등이 있음.

ex-out
HS코드에 ex를 붙여, 해당 HS코드 전체가 아닌 일부품목만을 지칭.

First Action
심사관에 의한 최초 심사결과의 통지 (거절 이유 통지 등)가 출원인 등에게 발송되는 것

Friends of Ambition
비농산물시장접근협상에서 수준 높은 시장접근확대를 지지하는 선진국 그룹

Friends of Sectoral
비농산물시장접근협상의 분야별 자유화 주도국 및 공동제안국 그룹

G-10
농산물 수입국 입장을 대변하는 농업협상그룹

G-20
선진국의 국내보조 대폭 감축 및 수출보조 철폐, 개도국 우대 강화를 주장하는 등 개도국 입장을 대변하는 농업협상그룹

G-33
특별품목 및 개도국 특별긴급수입제한제도에서 개도국 입장을 대변하는 농업협상 그룹

GATS 통신부속서
통신서비스가 특정분야인 동시에 경제활동을 위한 기본적인 전송(transport)수단이라는 이중적 특성을 인식하여 공중통신전송망(public telecommunication transport network: PTTN)과 공중통신 전송서비스(public telecommunications transport service: PTTS)에의 접근 및 이용에 영향을 미치는 조치들과 관련된 서비스 일반협정 조문들을 구체화할 목적으로 제정됨.

GATT 1947
1947년에 체결된 GATT 협정

GATT 1994
GATT 1947과 GATT 체제하에서 시행된 법적 문서, GATT 개별 규정에 관한 양해(Understanding)를 포함한 것. WTO 협정의 일부를 이룸.

GATT 20조 Article XX of GATT
GATT 규범의 예외를 인정하는 일반적 예외조항. 각국은 공중 도덕, 인간·동물·식물의 생명과 건강 보호 등에 필요한 경우 GATT 규범에도 불구하고 예외 조치를 채택할 수 있음.

GMP(Good Manufacturing Practice)
우수의약품 등의 제조 및 품질관리기준. 품질이 보증된 우수의약품 등을 제조하기 위한 기준으로서 제조소의 구조설비를 비롯하여 원료의 구입에서부터 보관, 제조, 포장 및 출하에 이르기까지의 전 공정에 걸친 제조 및 품질관리에 관한 조직적이고 체계적인 규정. GMP에는 완제의약품에 적용되는 KGMP 등이 있음.

HLM(High-Level Meeting for LDCs)
1997년 10월 제네바에서 개최된 최빈개도국들을 위한 고위급회담

HOD(Heads of Delegations) 회의
WTO 회원국 수석대표(Heads of Delegations)가 참여하는 비공식 회의

ICSID
국제투자분쟁해결센터(International Center for Settlement of Investment Disputes). 세계은행(World Bank) 기관의 하나로 국가와 타국 국민간의 투자분쟁해결에 관한 협약(ICSID convention)에 따라 1966년 설립되어, 2013년 5월 현재, 148개국이 회원국임. ICSID는 투자자-국가간 투자분쟁에 대한 조정 및 중재절차를 제공함.

IP 네트워크　Internet Protocol Network
IP는 인터넷상의 한 컴퓨터에서 다른 컴퓨터로 데이터를 보내는 데 사용하는 프로토콜(통신규약). IP 네트워크란 전자우편이나 WWW 등의 인터넷 어플리케이션을 비롯한 다양한 인터넷 프로토콜 기술을 이용하는 네트워크를 의미

KGLP(Korea Good Laboratory Practice)
의약품 안전성 시험관리기준. 개발된 신물질의 유효성 평가를 위한 임상시험에 앞서 의약품 안전성 여부를 시험하는 것으로 개발된 신물질에 대하여는 실험동물을 사용하여 일반독성, 특수독성 실험 등을 실시해야 하는바, 이에 필요한 시험기준과 시험 실시기관에 대한 관리기준으로서 조직, 시설장비, 인력구성, 실험동물 사육 관련 사항을 정한 기준

Measure-binding, Description-binding
자유화조치의 비적용대상 조치를 유보안에 기재하는 방식에 있어 법령을 근거로 하면 measure-binding, 유보안을 근거로 하면 description-binding이라고 함. 즉, measure-binding으로 하게 되면, 유보안의 규정내용 보다 관련 법령의 실제 규제내용이 적용되며, description-binding으로 하게 되면, 유보안에 규정된 내용이 적용됨.

MTN Code(Multilateral Trade Negotiations Code)
도쿄라운드에서 체결된 반덤핑, 보조금·상계관세, 정부조달, 관세평가, 수입허가절차, 기술장벽 등 6개의 비관세분야와 낙농, 쇠고기, 민간항공기 등 3개의 상품관련 분야의 다자간 협상결과를 총칭함.

NAMA 11
비농산물시장접근협상의 강경 개도국 그룹

NTBs(Non-Tariff Barriers)
비관세장벽 = NTMs

NTC Group
WTO 농업협상에서 비교역적 관심사항을 반영하는 것에 동조하는 회원국으로 한국, 일본, EC, 스위스, 노르웨이, 모리셔스 등 6개국임.

OECD 경성 카르텔 권고 OECD Hard Core Cartel Recommendation
OECD 회원국간의 유기적인 협조를 통해 가격담합이나 경쟁업자간에 이루어지는 반경쟁적 협정과 같은 핵심 카르텔(hard-core Cartel)에 대해 효과적으로 대응하기 위한 OECD 권고안. 이 권고안은 OECD 회원국들이 자국의 경쟁법이 효과적으로 반경쟁적인 카르텔에 대응할 수 있는지를 점검하도록 하고 아울러 카르텔 관련 회원국간의 협력의 중요성을 강조하고 있음.

panel
WTO에 제소된 분쟁사건을 1차로 심리하고 판결하는 3인의 그룹. 3인은 매 사건마다 새로 임명됨. 제소국이 패널설치를 요청하는 경우, 늦어도 동 패널설치 요청이 의제로 채택된 회의 다음번에 개최되는 분쟁해결기구(DSB) 회의에서는 패널이 설치되어야 함. 패널은 분쟁의 사실적인 측면에 대한 검토, 대상협정의 적용가능성 및 분쟁해결 협정과의 합치성을 비롯하여 자신에게 회부된 사안에 대해 객관적인 평가를 내리게 됨. 패널 보고서는 분쟁해결기구에서 채택됨.

Recently-Acceded Members(RAMs)
최근 WTO 가입국

sliding scale
비농산물시장접근협상에서 관세감축공식 적용대상이 개도국인 경우 신축성을 부여하기 위해 ① 적용 관세감축공식 계수, ② 일반 감축률의 50% 적용(일정 세 번수), ③ 감축 면제 적용(일정 세 빈수)으로 구성된 세 가지 조합

Small, Vulnerable Economies(SVEs)
전세계 비농산물시장접근 교역 1% 미만을 차지하는 소규모 경제국가

SMBD
고위경영진 및 이사회(Senior Management and Boards of Directors) 국적 제한 금지 의무. 외국인 투자 회사의 고위 경영자의 국적을 제한하는 것을 금지하도록 규정하며, 이사회의 경우 투자자의 통제권을 손상하지 않을 것을 조건으로 이사진 과반수의 국적 제한 가능

TBR(Trade Barriers Regulation)
EC 설립조약 113조 및 이사회규정(Council Regulation) 3286/94에 근거한 EU의 주요 통상법. 역외국의 무역장벽을 제거하기 위한 강력한 조치가 필요하다는 인식에 따라 도입되었음. 일반적으로 EU판 super 301조라 간주되나, 미국의 301조가 국제규범상의 분쟁해결절차 없이 일방적으로 보복조치를 취하는 데 비해 EU의 조치는 필요시 WTO분쟁해결절차를 거쳐 보복조치를 취할 수 있음.

T-commerce(Television Commerce)
텔레비전(TV)을 이용한 전자상거래. TV 시청 도중에 상품을 구매하거나 인터넷 화면을 그대로 TV에 적용하여 상품 구매를 유도하는 방식

Tiered Formula
감축공식의 일종으로서 농업, 비농산물시장접근 분야의 관세 또는 보조금을 구간별로 구분하여 높은 관세 또는 보조금 구간일수록 더 큰 감축률을 적용하는 공식

TRQ administration
국영무역 방식, 실수요공매 방식, 선착순 방식 등 각국이 자국의 TRQ를 관리하는 방식

UNCITRAL
UN국제무역법위원회(United Nations Commission on International Trade Law). UN총회 전문위원회로서 국제상사중재에 대한 UNCITRAL 모델법을 1985년 제정함.

WTO 분쟁해결절차 WTO Procedures Governing Dispute Resolution

GATT 1947 이래의 발전과 새로운 협상의 결과를 집적한 것으로 DSB (Dispute Settlement Body)에 의하여 관장되고 있음. DSU는 GATT시절 분쟁해결 제도의 문제점을 획기적으로 개선한 것으로 통일적 분쟁해결제도를 지향하고, 각국의 일방적 조치를 통제하며, 엄격한 시한설정 및 패널의 자동설치로 신속한 분쟁해결을 도모하고 있음. 상소기구가 있어 WTO 분쟁해결절차의 사법적인 성격이 강조되고 있으며, 승소국은 패널권고안이 이행되지 않는 경우 패널의 승인에 따른 보복조치가 가능하며, 교차보복(cross retaliation), 즉 분쟁과 직접 관련되지 않은 산업분야에 대해서까지 보복조치를 할 권한이 부여됨.

WTO 분쟁해결절차에 대한 양해 DSU(Understanding on Rules and Procedures Governing the Settlement of Disputes)

동 양해는 GATT 1947 이래 분쟁해결 제도의 발전과 새로운 협상의 결과를 집적한 것으로 DSB에 의하여 관장되고 있음. DSU는 GATT시절 분쟁해결 제도의 문제점을 획기적으로 개선한 것으로 통일적 분쟁해결제도 지향, 일방적 조치의 통제, 엄격한 시한설정, 패널의 자동설치, 상소기구의 설치, 보복조치의 자동권한 등을 규정하고 있음.

WTO 참조문서 WTO Reference Paper

WTO 통신부속서 제정에 관한 협상 중 미국에 의해 기본통신서비스시장의 개방 필요성이 제기되어, 기본통신시장의 개방협상과 동시에 공정한 경쟁환경 조성을 위한 보장장치에 대한 논의의 결과물로 1999년 4월 채택된 문서.
참조문서는 필수설비 및 주요사업자에 대한 개념을 명시하고 공정경쟁 보장장치, 상호접속, 보편적 서비스, 허가기준 공개, 독립적 규제기관, 희소자원의 할당 등에 관한 원칙적이고 개념적인 기준을 제시하고 있음.

WTO 통일 원산지 규정 협상 Harmonization Work Programme

WTO 원산지 협정(Agreement on Rules of Origin)에 따라 모든 교역품목에 대하여 국제적으로 통일된 원산지 판정기준을 결정하는 협상이 진행중이며, FTA 외에 무역구제조치, 검역제도, 수출통계 및 정부조달을 위한 원산지 규정을 논의함.

WTO Plus 방식

FTA 체결국가는 WTO 협정 GATT 1994 제24조에 따라 최혜국대우 등 기존 WTO협정 준수의무 및 권리의 일부 면제를 받을 수 있는 바, WTO 협정에서 규정한 사항 이외의 사항을 FTA협정에서 규정할 수 있으며, 이러한 방식을 소위 WTO Plus라 함. WTO 협정내용보다 무역원활화를 위한 내용이 추가될 수 있음.

WTO의 원회원국 original membership of the WTO

1947년 GATT의 회원국중 1995년을 기준으로, 자기나라의 양허 및 약속표가 1994년도 GATT에 부속되며 서비스무역에 관한 일반협정에 자기나라의 구체적 약속표가 부속된 국가

zero for x

분야별 자유화 논의시 거론되는 관세감축 방법중 하나로, 개도국에 대해서는 관세를 완전히 철폐하지 않고 x %로 감축하도록 하는 방법

WTO 개요

I. 개 관

- 명   칭 : 세계무역기구 (World Trade Organization)
- 설   립 : 1995.1.1. (우루과이 라운드 협상 결과)
- 회 원 국 : 159개국 (2013.3.2 현재)
- 본   부 : 스위스 제네바
- 예   산 : 1억 9,600만 스위스 프랑 (2012년)
- 목   적 : 무역자유화를 통한 전세계적인 경제발전
- 기   능
  - 다자간 무역협상 포럼 제공
  - 우루과이 라운드 협상 결과의 이행 감독
  - 무역 분쟁 해결

II. 기 능

1. 협상 및 협정 이행

- 회원국간의 다자간 무역관계에 관하여 협상을 위한 장을 제공하고, 다자 무역협정 및 복수국간 무역협정의 이행, 관리 및 운영을 위한 틀 제공

2. 분쟁 및 무역정책검토

- WTO 협정 부속서2의 분쟁해결규칙및절차에관한양해를 시행
  - 분쟁해결기구 및 상소기구를 통해 협정 해석, 협정 위반 등에 대한 회원국간의 분쟁을 해결
- WTO 협정 부속서3의 무역정책검토제도를 시행
  - 회원국의 무역정책을 정기적으로(2년, 4년, 6년) 검토함으로써 협정 이행증진

3. 여타 국제기구들과 협력

- 세계경제 정책결정에 있어서의 일관성 제고를 위하여 IMF, 세계은행 및 관련 산하기구들과 협력

Ⅲ. WTO 체제의 원칙

1. 차별 없는 교역

가. 최혜국 대우(MFN(Most Favored Nation) Treatment)
- 모든 회원국에 최혜국 대우를 부여함으로써 교역 상대국간 차별대우 금지
  - 특정국가에 대한 특혜는 다른 모든 WTO 회원국에게도 부여

나. 내국민 대우(National Treatment)
- 외국인과 내국인, 외국 상품과 내국 상품 간 동등한 대우 부여

2. 교역의 자유화
- 관세 인하 및 비관세 조치의 완화를 통한 교역의 자유화를 추진
  * GATT 창설 이래 관세인하 및 무역자유화를 위한 8차에 걸친 다자간 협상을 개최하였으며, 2001년부터 9번째 협상인 DDA 진행 중

3. 예측가능성 및 공정경쟁 촉진
- 관세 및 시장개방일정 등에 대한 양허(약속)를 각회원국들이 제시
- 수입물량에 대해 상한선을 설정하는 쿼터나 기타 조치의 사용을 억제
- 무역정책검토제도 및 각종 통보의무 부여 등을 통해 각국 관행 및 절차의 투명성 증대
- 최혜국, 내국민 대우의 보장
- 덤핑, 보조금 등에 대한 규범의 도입을 통해 공정한 경쟁을 유도

4. 경제개발 및 개혁의 장려
- 개도국들에 대한 특별우대조치 허용(특정 의무 이행기간의 연장 및 완화 등)
- 협정 이행을 위한 기술지원 등 능력배양사업 지원

Ⅳ. WTO 출범 배경

1. GATT 체제

- 「관세 및 무역에 관한 일반협정(GATT)」 23개 체약국으로 1948년 1월 발효
- GATT(General Agreement on Tariffs and Trade)는 잠정협정에 불과하였으나, 1948년부터 1995년 WTO가 출범하기까지 국제무역을 관장하는 유일한 다자간 수단으로 존재
- GATT 체제 하 총 8차례의 다자간 관세협상 라운드가 개최되어 범세계적인 무역자유화 노력 경주

2. 세계무역기구의 출범

- 1980년대에 들어서면서 주요 선진국이 자국산업 및 국제수지보호를 위하여 보호무역주의적 수단을 남용하기 시작하였으며, GATT 체제를 우회하는 반덤핑제도의 남용, 수출자율규제(VER) 및 시장질서협정(OMA) 등의 회색지대조치가 성행
- 농산물, 섬유 등 일부 품목은 국제무역에서 차지하는 비중이 높음에도 불구하고 사실상 GATT의 규율을 받지 아니하거나, GATT 규정의 폭넓은 예외조치 인정
- 서비스, 지식재산권 등 새로운 분야는 국제경제에서 차지하는 비중이 점점 증대하여가고 있음에도 불구하고 국제법적 규율장치 미비
- 이러한 배경하에 GATT 체제의 보완과 유지를 위하여 새로운 다자간 협상이 필요하다는 공통적인 인식을 바탕으로 UR 협상이 출범
- 8년간의 협상을 거쳐 1995년 1월 1일 UR 협정이 발효되고, GATT를 대체하는 항구적기구인 세계무역기구(WTO : World Trade Organization)를 설립

〈 GATT 하의 다자간 무역협상 개요 〉

연도	협상분야	참여국수	장소/명칭	주요 내용
1947	관세	23	제네바 (Geneva)	○ 최초의 다자간 협상으로 당시 세계무역의 절반 가량에 해당 하는 45,000건의 관세양허 교환
1949	관세	13	안시 (Annecy)	○ 1949~51년 간에 열린 두 차례의 다자간 협상으로 주로 신규 가입 신청국의 GATT 가입 (accession)을 용이하게 처리하기 위한 다자간 협상의 성격을 띰.
1951	관세	38	토르퀘이 (Torquay)	○ Annecy 라운드에서는 9개국이, Torquay 라운드에서는 4개 국이 추가로 GATT에 가입
1956	관세	26	제네바	○ GATT의 운영방식개선 및 GATT조문 재검토를 목표로 하여 추진 ○ "체약국단은 때때로 관세인하협상을 주최한다."는 계획을 처음으로 GATT 조문에 명시, GATT 제2부의 일부분 수정
1960 ~ 1961	관세	26	제네바 (딜론 라운드)	○ 유럽경제공동체(EC) 출범을 배경으로 이로 인한 무역차별 및 무역전환효과를 상쇄하기 위해 개최 - 미국과 EC 평균 10% 관세인하
1964 ~ 1967	관세, 반덤핑	62	제네바 (케네디 라운드)	○ 품목별협상과 선형삭감방식(fromula approach) 병행하여 진행, 선진국의 관세율을 평균적으로 35% 인하 - 반덤핑 및 관세평가에 대한 합의도출
1973 ~ 1979	관세, 비관세, 기본협정	102	제네바 (동경 라운드)	○ 선진국들은 대부분 30% 이상으로 관세율 인하 ○ 정부조달, 기술장벽, 보조금 및 상계관세, 관세평가, 수입 허가, 반덤핑 등 6개 분야에 대한 협정(code) 제정 - 개도국 특별 대우 제도화
1986 ~ 1994	관세, 비관세, 규범, 서비스, 지재권, 분쟁해결, 섬유, 농업, WTO 창설 등	123	제네바 (우루과이라운드)	○ 세계무역기구(WTO) 설립 - 항구적이고 강력한 국제무역기구의 설립 - 회원국의 국내법을 WTO 규정에 합치시키도록 규정함. ○ 공산품 관세인하 및 비관세장벽 완화 - UR 협상이전에 비해 1/30이상 관세 인하 - VER 등 회색조치의 철폐 ○ 농산물 및 섬유류 무역의 GATT 편입 ○ 기존 GATT 규범의 강화 - 반덤핑, 보조금, 상계관세, 세이프가드 등 ○ 서비스무역에 관한 기본규범 설정 및 최초의 양허교섭 완료 ○ 지적재산권 보호 및 투자관련조치에 관한 규범 마련 ○ 통합분쟁해결절차 및 규칙(DSU) 합의

Ⅴ. 도하개발어젠다(DDA) 협상

1. DDA 협상 추진 배경

- 우루과이라운드(UR)는 농업을 다자간 무역규범으로 편입시키는 데 성공했으나 실질적인 관세 감축 성과가 크지 않았으며 서비스 분야 역시 높은 수준의 시장개방 확보에는 실패하였기 때문에, 이를 기설정의제(built-in agenda)로 설정하여 2000년부터 다시 협상하기로 미리 규정
- 비농산물 시장접근(NAMA: Non-Agricultural Market Access) 분야에서도 관세감축 및 UR 당시 미양허품 시장개방 필요성 대두
- 2001년 9.11 테러사건으로 인한 글로벌 경기침체에 대한 위기감이 고조되어 다자간 무역자유화를 통해 세계경제 위기 극복에 대한 공감대 확산, 뉴라운드 출범 논의 재개
- 이에 따라 1947 GATT 설립 이후 9번째이자 1995년 WTO 설립 이후 첫 번째 다자간 무역협상인 도하개발어젠다(DDA: Doha Development Agenda)가 2001년 11월 카타르 도하 각료회의에서 출범
  * 개도국들의 개발 및 경제발전에 기여하도록 협상이 이루어질 것을 목표로 한다는 점을 부각시키기 위해 '라운드'라는 명칭 대신 '개발 어젠다'라는 명칭 사용

2. 협상의제

- 농업, 서비스, 비농산물 시장접근(NAMA), 규범, 무역원활화, 무역과 개발, 지식재산권(TRIPS), 무역과 환경, 분쟁해결양해(DSU) 등 9개 협상의제 진행

3. 협상경과

- (도하 각료회의, 2001년 11월) 새로운 다자협상 출범에 대한 개도국 지지를 이끌어내기 위해 개발문제를 전면에 부각시켜, 2005년 1월 1일까지 협상종료 및 2003년 초까지 세부원칙 확정을 목표로 DDA 협상 개시

- (칸쿤 각료회의, 2003년 9월) 기 설정한 협상시한을 고려하여 중간점검 성격의 각료회의 결과를 기대했으나, 싱가포르 이슈 협상 개시를 주장하는 선진국과 이를 반대하는 개도국의 입장 등이 대립하여 결렬

    * 싱가포르 이슈 : 투자, 경쟁정책, 정부조달투명성, 무역원활화로 기존 WTO 체제하에서 관련 규범이 마련되어 있지 않은 네 가지 이슈

- (홍콩각료회의, 2005년 12월) 회기간 미국·EU 보조금 감축, 싱가포르 이슈 축소(무역원활화 외 삭제)등 합의를 통해 마련된 기본 골격을 바탕으로 각료선언문 채택

- (협상 중단, 2006년 7월) 홍콩각료회의에서 제시된 세부원칙 합의 시한(2006년 4월)을 지키기 위해 노력했으나 주요국간 이해 절충에 실패하여 라미 사무총장이 협상 중단을 선언

- (소규모 각료회의 잠정타협안 마련, 2008년 7월) 비농산물(NAMA)에 대한 분야별 자유화 논의 등장, 국제 농산물 가격 폭등에 따른 농산물 관세 인하, 미국발 금융위기 타개를 위한 공감대 형성 등 무역자유화에 호의적인 환경이 조성됨에 따라 협상 쟁점에 대해 G7가 잠정 타협안을 도출했으나, 다자화 과정에서 중국 및 개도국 입장 고수로 결렬

- (협상 재개) 2008년 9월 그린룸 회의를 개최하며 협상을 재개 하였으나 이후 별다른 진전이 없었으며, 2009년 11월 각료회의는 DDA 협상과 분리되어 다자무역체제, 세계 경제환경에 대한 평가 등만을 논의하여 구체 성과는 미미

- (새로운 협상방식 추진) 2011년 12월 각료회의시 '새로운 협상방식' 추진에 공감하여 진전 가능한 분야에서 우선적으로 성과를 도출하기로 하여, 2012년 초부터 정보기술협정(ITA) 대상품목 확대 논의, 복수국간 서비스 협정 협상 추진 등 복수국간 방식을 통한 분야별 자유화로 협상 모멘텀 제고 노력 지속

- (발리 각료회의 2013년 12월) 무역원활화, 농업분야(TRQ 관리, 개도국 허용보조금 확대 등), 개발/LDC 등 합의가능한 일부 분야에서 조기수확 성과가 도출될 수 있도록 실무 및 고위급 회의를 통해 협상 진전 도모

Ⅵ. 우리나라와 GATT/WTO

1. 가 입

- 1967년 GATT 가입
- WTO에는 1995년 1월 1일 원회원국으로 가입

2. WTO 가입배경

- WTO는 회원국의 국내법을 다자규범에 일치시키도록 규정하는 등 일방주의 억제를 위한 제도적 장치를 마련함으로써, 미국, EC 등 일부 선진국의 우리나라에 대한 일방적인 무역보복 가능성이 감소
- 분쟁해결기구를 포함한 항구적이고 강력한 세계무역기구가 설립됨으로써 EC, NAFTA, AFTA 등 폐쇄적인 지역경제블록의 증가로 인한 불이익을 최소화할 수 있게 됨.
- 국내 각종 무역관련조치에 대한 무역상대국의 WTO 제소 가능성에 대비, 기존의 각종 국내규정 및 새로운 규정에 대한 종합적 검토 및 국내의 비합리적인 제도·관행의 개선을 통해 우리나라의 세계화·개방화 정책 추진에 큰 기여를 한 것으로 평가
- WTO 협정의 국내이행을 위해 세계무역기구협정의이행에관한특별법 (WTO 이행법)을 제정(1995년 1월)하고, 대외무역법, 관세법 등 다수 법령을 개정

3. 재정적 의무

- 2013년 분담금
  - 5,402,929 스위스 프랑, 분담율 2.765%

4. 사무국 진출

- 2013년 현재 총 4명 진출 (전체 직원은 약 630명)

FTA 개요

1. 자유무역협정(FTA) 개요

가. FTA는 지역무역협정의 한 형태

- FTA는 둘 이상의 국가가 10년 내에 거의 모든 상품무역, 서비스무역 등의 분야에 관세철폐 및 기타 무역제한적인 규제를 철폐하기로 합의하는 국제조약으로서 상품무역, 서비스무역 및 투자, 지식재산권, 정부조달, 경쟁, 노동 환경 등 포괄적인 분야에 걸쳐 시장통합과 경제통합을 목적으로 하는 지역무역협정(RTA)의 한 형태

나. 지역무역협정의 단계별 형태

① **자유무역협정(FTA)** : 둘 이상의 국가 간 자발적인 계약에 의하여 관세 및 비관세 장벽이 철폐되는 자유무역지대(Free Trade Area)의 창설을 위한 협정으로서 비회원국에 대해 개별관세를 부과(예 : 한미FTA)

② **관세동맹(Customs Union)** : 둘 이상의 국가(관세영역집단)가 하나의 관세영역으로 대체되는 지역무역협정으로서 회원국간 공동의 통상정책을 운영하고 비회원국에 대해서 공동관세를 부과(예: MERCOSUR)

③ **공동시장(Common Market)** : 관세동맹에 추가하여 회원국 간 자본이나 노동력 등 생산요소의 자유로운 이동을 허용하는 협정(예 : EEC)

④ **단일시장(Single Market)** : 완벽한 경제통합의 상태로 회원국간 단일통화, 공동의회를 설립하는 협정(예 : EU)

다. FTA 대상

- 전통적인 FTA와 개도국간의 FTA는 상품분야의 무역자유화 또는 관세 인하/철폐에 중점을 두고 있는 경우가 많음
- 하지만 최근에는 FTA의 적용범위가 크게 확대되어 서비스 및 투자 자유화는 물론 지식재산권, 정부조달, 경쟁정책, 무역구제제도 등 정책의 조화부문까지 협정의 대상범위가 점차 확대되고 있음

라. FTA가 확산되는 이유

- WTO보다 협상 범위가 넓고 탄력적으로 운영가능
- WTO 다자협상의 경우 장기간이 소요되고, 회원국수의 급증으로 컨센서스 도출이 어렵다는데 대한 반작용
- 특정국가간의 배타적 호혜조치가 실익 제고, 부담 완화 및 관심사항 반영에 보다 유리할 수 있다는 측면 고려
- 연내 국가 간의 보다 높은 자유화 추진이 다자체제의 자유화를 선도할 수 있다는 명분론(주로 선진국)
- 지역주의 확산에 따라 역외 국가로서 받는 반사적 피해에 대한 대응 필요

2. 우리나라의 FTA 추진

가. 추진배경

- 우리나라는 GATT(General Agreement on Tariffs and Trade)와 WTO(World Trade Organization)로 대표되는 다자무역체제의 가장 큰 수혜국이며, 대외교역을 통해 성장을 이룬 대표적인 사례
- 지속적인 경제발전을 위해서는 교역의 확대가 필수적
- 특히 현재 진행 중인 도하개발어젠다(DDA) 협상이 의미있는 합의 도출에 난항을 겪고 있어 많은 국가들이 양자간 지역협정에 의존하는 경향이 더욱 뚜렷
- 이러한 상황에서 FTA 네트워크 역외국가로서의 피해를 최소화하고, 능동적인 시장개방과 자유화를 통해 국가 전반의 시스템을 선진화하여 경제체질을 강화하기 위해 FTA 추진

나. 추진방향

- 자원부국, 주요 거점 경제권 등을 중심으로 전략적인 FTA를 추진하여 FTA 글로벌 네트워크 구축
- FTA 체결 효과를 극대화하기 위해 상품분야에서의 관세철폐 뿐만 아니라, 서비스, 투자, 정부조달, 지적재산권, 기술표준 등을 포함하는 포괄적인 FTA 지향
- 또한 WTO의 상품과 서비스관련 규정에 일치하는 높은 수준의 FTA 추진을 지향함으로써 다자주의를 보완하고, FTA를 통해 국내제도의 개선 및 선진화를 도모

다. 추진현황

- 2013년 5월 현재 미국, EU와의 FTA를 포함하여 총 9건이 발효 중이며, 한·중 FTA 등 5건의 협상이 진행중
- FTA 타결 국가(47개국)와의 교역은 2012년 우리나라 총 교역량의 35.4%를 차지하며, 중국 등 협상 진행국을 포함하면 70%에 근접

	추진현황	의의
발효된 FTA	한·칠레 FTA(2004. 4월 발효)	최초의 FTA, 중남미시장의 교두보
	한·싱가포르 FTA(2006. 3월 발효)	ASEAN 시장의 교두보
	한·EFTA FTA(2006. 9월 발효)	유럽시장 교두보
	한·ASEAN FTA(2007. 6월 발효)	우리의 제2위 교역대상(2011년 기준)
	한·인도 CEPA(2010. 1월 발효)	BRICs국가, 거대시장
	한·EU FTA(2011. 7월 발효)	세계 최대경제권(GDP기준)
	한·페루 FTA(2011. 8월 발효)	자원부국, 중남미 진출교두보
	한·미 FTA(2012. 3월 발효)	거대 선진경제권
	한·터키 FTA(2013. 5월 발효)	유럽·중앙아시아 진출 교두보
타결된 FTA	한·콜롬비아 FTA (2013.2.21일 정식서명)	자원부국, 중남미 신흥시장
협상중 FTA	한·중 FTA	우리의 제1위 교역대상(2012년 기준)
	한·중·일 FTA	동북아 경제통합 기반 마련
	한·인도네시아 CEPA	ASEAN 회원국중 우리의 최대 교역국 (2011년 기준)
	한·베트남 FTA	우리의 아세안 최대 투자 대상국 (2012년 기준)
	RCEP (ASEAN+6)	세계 GDP의 28.4%를 차지하는 동아시아 경제권
재개 검토 및 공동연구	한·멕시코 FTA	북중미 시장 교두보
	한·GCC FTA	자원부국, 아중동 국가와의 최초 FTA, 우리의 제3위 교역대상 (2011년 기준)
	한·호주 FTA	자원부국 및 오세아니아 주요시장
	한·뉴질랜드 FTA	오세아니아 주요시장
	한·캐나다 FTA	북미 선진 시장
	한·일본 FTA	우리의 제4위 교역대상(2011년 기준)
	한·MERCOSUR FTA	BRICs국가, 자원부국
	한·이스라엘 FTA	서부 중동지역 거점시장
	한·중미 5개국 FTA	북미와 남미를 잇는 전략적 요충지
	한·말레이시아 FTA	한-ASEAN FTA Upgrade, 자원부국

참고 1 한·미 FTA 협정문 구조 및 주요내용

챕터	챕터의 명칭	주요 내용
제1장	최초규정 및 정의	자유무역지대의 창설 목적 및 협정 내용을 명확히 하기 위한 정의 규정
제2장	상품에 대한 내국민 대우 및 시장접근	상품에 대한 내국민대우 원칙과 상대국 시장에 대한 자유로운 접근을 위한 상품 양허
제3장	농업	TRQ의 운영 및 이행, 농산물 세이프가드 규정
제4장	섬유 및 의류	섬유 세이프가드, 섬유 원산지 규정 및 세관협력 규정
제5장	의약품 및 의료기기	기본원칙, 혁신에의 접근 및 투명성 규정
제6장	원산지 규정 및 원산지 절차	원산지 규정과 절차, 품목별 원산지 판정기준
제7장	관세행정 및 무역원활화	물품의 통관을 원활하고 신속히 하기 위한 조치
제8장	위생 및 식물위생 조치	동식물 위생 보호 및 무역에 대한 부정적 효과 최소화를 위한 규범 및 협력
제9장	무역에 대한 기술장벽	기술규정, 표준, 적합성 평가절차의 무역 제한 효과 최소화 도모
제10장	무역구제	세이프가드와 반덤핑, 상계 관세 관련 규정
제11장	투자	투자의 내국민대우, 최혜국대우 원칙 등과 투자자와 국가간 분쟁해결
제12장	국경간 서비스무역	서비스 무역 자유화를 위한 내국민대우, 최혜국 대우 등의 원칙과 비합치조치 규정
제13장	금융서비스	국책금융기관의 취급, 신금융서비스의 조건, 금융건전성 제도 도입 가능성, 투명성 제고 관련 규정
제14장	통신	공중통신서비스에 대한 접근 및 이용, 공급자의 의무 등에 관한 조치
제15장	전자상거래	전자상거래 활성화를 위한 자유화 규범 및 협력 조항
제16장	경쟁 관련 사안	경쟁법 집행 관련 협력 및 동의명령제의 도입
제17장	정부조달	정부조달시장 접근 확대 및 실질적 차별 금지
제18장	지적재산권	저작권 및 저작인접권, 상표, 지리적 표시, 특허의 보호 및 집행
제19장	노동	기본 노동권, 노동법의 효과적 집행 및 적용 규정
제20장	환경	높은 수준의 환경보호 의무 규정, 환경법의 효과적 집행 및 적용
제21장	투명성	협정 이행과 관련되는 국내 법령 등 신속 공포 및 이해관계인에게 의견제시 기회 보장
제22장	제도규정 및 분쟁해결	공동위원회 등 이행기구 설치, 분쟁해결절차 규정
제23장	예외	일반적 예외, 필수적 안보, 조세조치의 예외 규정
제24장	최종규정	협정의 개정 및 발효, 정본 규정
부속세Ⅰ	서비스/투자	현재 유보 (자유화후퇴방지 메커니즘 적용)
부속세Ⅱ	서비스/투자	미래 유보 (자유화후퇴방지 메커니즘 비적용)
부속세Ⅲ	금융서비스	금융서비스 유보

참고 2 한·EU FTA 협정문 구조 및 주요내용

구분	챕터	챕터의 명칭	주요 내용
상품	제1장	목적 및 일반정의	자유무역지대 창설 목적 및 협정 내용을 명확히 하기 위한 정의 규정
	제2장	상품에 대한 내국민대우 및 시장접근	상품에 대한 내국민대우 원칙과 상대국시장에 대한 자유로운 접근 규정
		○ 관세양허 부속서 ○ 비관세 부속서	○ 관세 철폐 및 감축 계획 규정 ○ 비관세조치 합리화 및 개선을 위한 약속 및 상호협력
	제3장	무역구제	세이프가드와 반덤핑, 상계 관세 관련 규정
	제4장	무역에 대한 기술장벽	기술규정, 표준, 적합성평가절차의 무역 제한 효과 최소화 도모
	제5장	위생 및 식물위생 조치	동식물 위생 보호 및 무역에 대한 부정적 효과 최소화를 위한 규범 및 협력
	제6장	관세 및 무역원활화	물품의 통관을 원활하고 신속히 하기 위한 조치
서비스	제7장	서비스 무역·설립 및 전자 상거래	서비스·설립 및 전자상거래 활성화를 위한 자유화 규범 및 협력조항
		○ 서비스·설립 양허 부속서	서비스·설립 분야별 시장개방 약속과 최혜국 대우 면제리스트 등 규정
	제8장	지급 및 자본이동	국경간 지급 및 자본이동과 관련된 자유화 및 예외 규정
규범	제9장	정부조달	민자사업을 포함한 정부조달시장 접근 확대
	제10장	지적재산	저작권 및 저작인접권, 상표, 지리적 표시, 디자인, 특허의 보호 및 집행
	제11장	경쟁	경쟁법 집행 관련 협력 및 보조금에 의한 경쟁왜곡 방지
	제12장	투명성	협정 이행과 관련되는 국내법령 등 신속 공포 상대국 및 이해관계인에게 의견제시 기회보장
	제13장	무역과 지속가능한 발전	무역자유화 진전에 따른 환경 및 노동 보호 수준 저하 방지
기타	제14장	분쟁해결	협정문 위반 여부 판정과 이행절차
	제15장	제도·일반 및 최종규정	무역위원회 등 이행기구 설치, 협정 개정 및 발효
의정서		'원산지 제품'의 정의 및 행정협력의 방법에 관한 의정서	특혜원산지 기준 일반원칙
		○ 품목별원산지기준부속서	품목별 특성을 고려한 개별 원산지판정기준
		세관 분야 상호 행정지원에 관한 의정서	기존 한·EU간 세관지원협정을 협정문에 편입
		문화협력에 관한 의정서	시청각 공동제작 등을 포함한 문화 분야 전반에 있어서의 협력 증진

찾아보기 〈국문〉

가격인상 약속 ·· 1
가공공정기준 ·· 1
가변부과금 ·· 1
가입의정서 ·· 1
가입작업반 ·· 1
각료이사회 ·· 1
간이정액관세환급 ··· 2
간접수용 ·· 2
간접재 ·· 2
감축대상 보조금 ··· 2
강제실시 ·· 2
개도국 긴급수입관세 ··································· 2
개도국에 대한 특별 및 차등대우(개도국 우대) ·· 3
개도국지원을 위한 통합체제 ······················ 3
개량신약 ·· 3
개방적 지역주의 ··· 3
거래가격 ·· 3
건전성규제 ·· 3
걸프협력회의(페르시아만협력회의) ·········· 4
경사관세 ·· 4
경성카르텔 ·· 4
경쟁정책 ·· 4
경쟁제한관행 ·· 4
경쟁중립성 ·· 5
경쟁협력협정 ·· 5
경정 ·· 5
경제적 수요심사 ··· 5
경제협력개발기구 ··· 5
계수 ·· 6
계약 시공 및 운영 후 소유권 이전 계약 ······ 6
계절관세 ·· 6
고관세 ·· 6
고정 ·· 6
곡물메이저 ·· 6
공개입찰 ·· 7
공개입찰 절차 ·· 7
공급자 자격심사 ··· 7
공급자 적합성 선언제도 ····························· 7

공동기술지원계획 ··· 7
공식에 의한 것보다 적은 감축 ··················· 7
공연권 ·· 7
공장도 가격 ·· 7
공정 무역 ·· 8
공제법 ·· 8
공중의견제출제도 ··· 8
공중통신망 ·· 8
공지/공용의 국제주의 ·································· 8
공지예외적용기간 ··· 8
공통이슈 ·· 9
과도적 품목별 세이프가드 ·························· 9
관로 및 도관 ·· 9
관세감면 ·· 9
관세단순화 ·· 9
관세동맹 ·· 9
관세 및 무역에 관한 일반협정 ·················· 10
관세사 ·· 10
관세상당치 ··· 10
관세상한 ·· 10
관세양허 ·· 10
관세양허 모델리티 ····································· 11
관세영역 ·· 11
관세율 할당 ·· 11
관세자유구역 ·· 11
관세장벽 ·· 11
관세정점 ·· 12
관세조화 ·· 12
관세특혜수준 ·· 12
관세평가 ·· 12
관세품목 ·· 12
관세화 ·· 12
관세화에 대한 특별대우 ··························· 13
관세환급 ·· 13
광대역서비스 ·· 13
교차보복 ·· 13
교차보상 ·· 14
교차신문 ·· 14

찾아보기 135

구성가격 ····· 14	기업내 전근자 ····· 21
구속적 양허 ····· 14	기후변화협약 ····· 21
구제명령 ····· 14	긴급수입제한조치 ····· 22
구체적 약속양허표 ····· 14	까르네 협정 ····· 23
국가인정(지정)시험기관 ····· 14	
국경 내 장벽 ····· 15	

ㄴ

국경세 조정 ····· 15	
국경장벽 ····· 15	낙찰 ····· 23
국내/국제입찰 ····· 15	남미·카리브 연안 국가군 ····· 24
국내농업보조의 카테고리 ····· 15	남미공동시장 ····· 24
국내운항권 ····· 15	남아프리카관세동맹 ····· 24
국별양허표 ····· 16	내국민대우원칙 ····· 24
국산부품 사용요건 ····· 16	농업에 관한 협정 ····· 25
국영무역기업 ····· 16	누적 피해판정 ····· 26
국제노동기구 ····· 16	누적조항 ····· 26
국제농업개발기금 ····· 16	능력배양 또는 능력형성 ····· 26
국제무역센타 ····· 16	

ㄷ

국제무역위원회 ····· 17	
국제무역특혜제도 ····· 17	다수공급자계약제도 ····· 27
국제민간항공기구 ····· 17	다원적 기능 ····· 27
국제상호인정협정 ····· 17	다자간섬유협정 ····· 27
국제수지방어를 위한 제한조치 ····· 17	다자간투자협정 ····· 27
국제수지보호조항 ····· 18	다자간환경협약 ····· 27
국제식물보호협약 ····· 18	다자주의 ····· 27
국제식물신품종보호협약 ····· 18	단순 평균 관세율 ····· 28
국제전기표준회의 ····· 18	단일서류접수창구 ····· 28
국제전용회선설비임대역무 ····· 18	단일실질변형기준 ····· 28
국제표준화기구 ····· 18	단체표장 ····· 28
국제표준화기구 품질관리 기준 ····· 19	대위변제 ····· 28
국제표준화기구 환경관리 기준 ····· 19	대응구매 ····· 28
권능조항(수권조항) ····· 19	대체가능물품 ····· 28
권리 소진 ····· 19	덤핑 ····· 29
권리관리정보 ····· 19	덤핑마진 산정방식 ····· 29
규제적용 면제 ····· 19	덤핑방지관세 ····· 29
그린룸회의 ····· 20	도착전 처리 ····· 29
금지 목록 ····· 20	도하개발아젠다 ····· 29
기간통신사업자 ····· 20	도하개발아젠다 신탁기금 ····· 29
기국주의 ····· 20	동경라운드 ····· 30
기본통신서비스 ····· 20	동남아국가연합 ····· 30
기본통신협상그룹 ····· 20	(SPS 협정상의)동등성 ····· 30
기설정의제 ····· 21	동의명령제 ····· 30
기술규격 ····· 21	디지털제품 ····· 30
기술적 보호조치 ····· 21	
기술지원 ····· 21	

ㄹ

로마조약 ··· 30
로메협정 ··· 31
리스본협정 ··· 31

ㅁ

마드리드 협정 ··· 31
마라케쉬 협정 ··· 31
망 요소 세분화 ··· 31
메일박스 ··· 31
멸종동식물 보호협약 ·· 31
모범규제관행 ··· 32
모조 ··· 32
무관세 무쿼터 ··· 32
무세화 ··· 32
무역가중 평균관세율 ·· 32
무역관련 지식재산권에 관한 협정 ··················· 32
무역관련 투자조치 ··· 33
무역구제 ··· 33
무역냉각효과 ··· 33
무역 및 투자협정 ··· 33
무역에 대한 기술적 장벽 ···································· 33
무역왜곡보조총액 ··· 34
무역원활화 ··· 34
무역전환 ··· 34
무역정책검토기구 ··· 34
무역정책검토제도 ··· 34
무역창출 ··· 34
무역특혜협정 ··· 34
무역협상위원회 ··· 35
무임승차자 ··· 35
무차별 ··· 35
무효화와 침해 ··· 35
물품세 ··· 35
물품취급수수료 ··· 35
미국 국가표준원 ··· 36
미국 동식물 건강/검역수 ···································· 36
미국 무역대표 ··· 36
미국 연방통신위원회 ·· 36
미국 중앙조달기관 ··· 36
미국 증권감독위원회 ·· 36

미국 통상법 201조 ··· 37
미국 통상법 301조 ··· 37
미국 GSM 프로그램(수출신용제도) ··············· 37
미소 ··· 37
미소 덤핑마진 ··· 37
미소수입물량 ··· 38
미소진 매커니즘 ··· 38
민간인증 ··· 38
민감품목 ··· 38

ㅂ

바이오안전성의정서 ·· 38
바젤협약 ··· 38
반경쟁적 행위 ··· 39
반덤핑 ··· 39
반덤핑관세 ··· 39
반덤핑 자문위원회 ··· 39
반도점법 또는 독점금지법 ·································· 39
반 우회덤핑 ··· 39
발동가격 ··· 40
발동수준 ··· 40
방송권 ··· 40
방콕협정 ··· 40
배기량 기준 세제 ··· 40
배타적 경제수역 ··· 41
번호 이동성 ··· 41
법인 ··· 41
법적 차별 ··· 41
법정손해배상제도 ··· 41
베른협약(문학적 및 예술적 저작물의 보호를
위한 협약) ··· 42
별정통신사업자 ··· 42
병해충 안전지역 ··· 42
병행수입 ··· 42
보복관세 ··· 42
보상 ··· 42
보안적합성심사제도 ·· 42
보조금 ··· 43
보조총액측정치 ··· 43
보증증서 또는 보증보험서 ·································· 43
복수국간 무역협정 ··· 43
복제권 ··· 43
복합관세 ··· 43

본선인도가격	44
볼라 규정	44
부가가치기준	44
부족불제도	44
북미자유무역협정	44
분야별 관세철폐	45
분야별 접근방법	45
분쟁해결기구	45
불완전 상호주의	45
불충분공정/불인정공정기준	45
비관세장벽	46
비관세조치	46
비교역적 관심	46
비농산물시장접근	46
비누적	47
비선형 공식	47
비위반사건	47
비윤리적 영업관행	47
비종가세	47
비특혜원산지규정	47
비합치 조치	47

ㅅ

사실상의 차별	48
사업방문자	48
사전통보동의	48
사전통보승인	48
사전판정	48
산업보조금	48
산업피해구제수준	48
상계가능(조치가능)보조금	49
상계관세	49
상당한 분야별 대상범위	49
상소기구	49
상업적 주재	49
상품무역이사회	49
상품신용공사	50
상한 설정	50
상호인정	50
상호인정협정	50
상호접속	50
상호주의	51
생물 다양성에 관한 협약	51

생산 비연계 소득지원	51
생산자 보조 상당치	51
서비스 무역에 관한 일반협정	51
서비스무역이사회	52
서비스의 공급형태	52
서비스의 국경간 공급	52
선로 설치권	52
선발명주의	53
선별성	53
선적전검사	53
선출원주의	53
선하증권	53
선형관세인하방식	53
설비병설	53
섬유 및 의류에 관한 협정	54
섬유감독기구	54
섬유감시기구	54
섬유류 통관협력	54
섬유 및 의류에 관한 협정	54
섬유원료기준	54
세계관세기구	55
세계동물보건기구	55
세계무역기구	55
세계무역기구 무역정책검토	55
세계무역기구 보조금 및 상계조치협정	55
세계식량이사회	56
세계지식재산권기구	56
세번	56
세번 변경	56
소규모 도서개도국	56
소급효배제규정	56
소득보험 및 소득안전망 계획	56
소스 코드	57
소액관세	57
소해면상뇌증	57
수량제한	57
수입권 공매	57
수입면허	58
수입부과금	58
수입신고 수리전반출	58
수입제한	58
수입쿼터	58
수입할당	58
수입허가	58

수직적 접근방식	59
수출경쟁	59
수출보조	59
수출보험	59
수출성과부요건	59
수출세	60
수출신용	60
수출신용보증	60
수출신용보증계획	60
수출자율규제	60
수출증대프로그램	61
수퍼 301조	61
수평적 양허	61
수평적 이슈	61
수평적 접근방식	61
순원가법	62
슈퍼펀드	62
스위스 공식	62
스파게티 볼 효과	62
스페셜 301조	63
승객정보사전확인제도	63
시장개방요구서	63
시장개방요청 및 제안방식	63
시장접근	63
시청각서비스	64
시카고 협약	64
식량순수입개도국	64
식량원조	64
식품의약품국	64
신고제도	64
신동반자협정	65
신법 우선의 원칙	65
신속처리 권한	65
신속해결절차	65
신약	65
신축성	65
(WIPO)실연, 음반조약	65
실연자	66
실연자, 음반제작자 및 방송사업자의 보호를 위한 국제협약	66
실질적변형기준	66
실행관세율	66
심각한 손상	66
심사청구제도	67

싱가폴 각료회의	67
싱가폴이슈	67
싱글윈도우 시스템	67

아세안 자유무역지대	67
아세안 행동계획	67
아세안+3	67
아시아태평양 경제사회 이사회	68
아시아태평양경제협력체	68
안보상의 예외	68
약속	68
양자간 세이프가드조치	68
양자간 투자협정	69
양자간 항공서비스 협정	69
양자주의	69
양허	69
양허관세율	69
양허비율	69
양허세율과 실행세율의 격차	69
양허안 작성 방안	70
양허 카테고리	70
양허표	70
양허협상	70
업계간 자율거래제도	70
역기술이전	70
역내가공	70
역내가치비율	71
역내 부가가치 기준	71
역내 포괄적 경제 동반자 협정	71
역담보제도	71
역사적 특혜	71
역외가공	72
역진방지장치 또는 자유화후퇴방지	72
역컨센서스	72
연안운송 금지	72
염색가공 공정 기준	72
영사거래	72
영업관행	73
오존층 파괴물질에 관한 몬트리올 의정서	73
온라인서비스제공자	73
완전생산기준	73
외국인해외직접투자	73

우루과이라운드 협상	73
우선협상대상국	74
우호·통상항해조약	74
우회수입 방지(우회덤핑)	74
워싱턴조약	74
원가기반 요금	74
원사기준	74
원산지검증방식	75
원산지 결정기준	75
원산지규정	75
원산지 상품	76
원산지증명서	76
원심/관세평가재심	76
위생 및 식물위생조치	77
위임사항	77
위장된 무역장벽	77
위조품의 거래방지에 관한 협정	77
위험관리	77
유럽농민단체협의회	78
유럽자유무역연합	78
유보안	78
유엔 무역개발회의	78
유엔 해양법협약	78
유전자변형생물체	79
유전자원 접근 및 이익공유	79
유치산업조항	79
유효성 추정	79
육양설비	79
의무면제 또는 면책	79
의장권	79
의정서	80
이월	80
이해관계자	80
이행의무	80
이행현황 감독기구	80
인격권	80
인과성	80
인센티브 기반 메커니즘	81
인정	81
일견, 외견상	81
일괄수락원칙	81
일몰 조항	81
일반특혜관세제도	82
일반회계원칙	82
일방적 구제절차	82
일시입국	82
일시적 복제(일시적 저장)	82

ㅈ

자동선별시스템	82
자동성	83
자료독점	83
자산운용서비스	83
자연인	83
자유화수준동결	83
자율규제기구	83
자율규제협정	83
작업장에서의 기본원칙 및 권리에 관한 국제노동기구 선언	84
잔류성 유기오염물질	84
잔지바르 선언	84
잠수함특허	84
잠정 반덤핑관세	84
잠정 상계관세	85
잠정세이프가드	85
잠정조치	85
재단봉제 공정 기준	85
재발동금지	85
재송신권	85
재판매	85
저명상표	86
저작권	86
(WIPO)저작권조약	86
저작인접권	86
적극적 예양	86
적하목록	86
적하보험	87
적합성평가	87
적합성평가 절차	87
전기용품 안전인증기관의 지정제도	87
전기(前期)이행	87
전기통신사업자	87
전문직 분야 상호인정	87
전문직 비자쿼터	88
전송권	88
전용	88
전용사용권	88

전용회선	88
전자무역	88
전자상거래	89
전자서명	89
전자인증	89
전통지식	89
점진적 수용	89
점진적 자유화	89
정보기술협정	90
정부조달	90
정부조달협정	90
정보기술협정 II	90
제3의 이해관계자	90
제네릭 의약품	91
제로옵션	91
제로잉	91
제외	91
제조공정방법	91
제한입찰	92
조건부 원조 또는 구속성 원조	92
조기수확	92
조부(祖父) 조항	92
조상	92
조정관세	92
조치	93
조치기간	93
존속기간	93
존스 법	93
종가세	93
종가세 상당치	93
종량세	94
주정부행위 면제이론	94
주지상표	94
준조세	94
중간재	94
중간재 흡수원칙	95
중재	95
중첩적 과세	95
증명표장	95
지라르 공식	95
지리적 표시	96
지배적 통신사업자	96
지식재산권	96
지역무역협정	96

집적법	96
집적회로 배치 설계	97

ㅊ

체약국	97
최빈개도국	97
최소대우기준	97
최소부과원칙	98
최소시장접근	98
최소허용보조	98
최종용도(end-use)에 따른 환경상품 분류 방식	98
최초협상국 권한	98
최혜국대우	98
최혜국대우 면제	99
최혜국대우 실행세율	99

ㅋ

카리브해공동시장	99
컨센서스	99
컨테이너안전협정	99
케네디 라운드	99
케언즈그룹	100
쿼터내 관세율	100
쿼터외 관세율	100

ㅌ

탄력관세	100
탄소발자국	100
태평양경제협력회의	100
택일조항	101
통관시 보호조치	101
통관 후 심사	101
통보	101
통상촉진권한	101
통일규칙	101
통합협정문	101
특별 긴급수입제한조치	102
특별법 우선의 원칙	102
특별품목	102

특정 제약하의 직접지불 ················ 102
특정성 ······································· 102
특허 ·· 103
특허실체법조약 ························· 103
특허협력조약 ···························· 103
특혜 ·· 103
특혜관세 ··································· 103
특혜마진 ··································· 103
특혜원산지규정 ························· 103
특혜침식 ··································· 104

ㅍ

파리클럽 ··································· 104
파리조약 ··································· 104
편법 관세화 ······························ 104
평균반출시간 ···························· 104
평행주의 ··································· 104
평화조항 ··································· 104
포괄적경제동반자협정 ··············· 105
표적덤핑 ··································· 105
표준상호접속제안 ····················· 105
표준화된 관세분류체계 ············· 105
품목허가와 특허간 연계 ············ 105
피해 ·· 105
픽업 트럭 ································· 106
필수설비 ··································· 106

ㅎ

하한 설정 ································· 106
한도양허 ··································· 106
할당관세 ··································· 106
항만유지비 ······························· 106
해외민간투자공사 ····················· 106
해저케이블 ······························· 107
해적행위 ··································· 107
허용보조 ··································· 107
허용보조금 ······························· 107
현지주재 ··································· 107
현행동결 ··································· 107
현행시장접근 ···························· 108
협상 세부원칙 ·························· 108

협상 주요 4개국 ························ 108
협의 ··· 108
협정가입 조건부 최혜국대우 ····· 108
협정별 제안 ······························ 108
혜택의 거부 ······························ 108
확정 반덤핑관세 ······················· 109
환경라벨링 ······························· 109
환경에 대한 품질인정 마크 ······· 109
환경협의회 ······························· 109
환적물품 ··································· 109
환태평양 경제동반자협정 ·········· 109
활성성분 ··································· 110
황금주 ······································ 110
회색지대조치 ···························· 110
후기(後期)이행 ························· 110

etc.

113조 위원회 ···························· 110
1개 이상의 모드를 요하는 수송 ··· 110
21세기 지구환경의제 ················ 111
22조 면제 ································· 111
77 개도국 모임 ························· 111
7월 패키지 ······························· 111
A-7 pricing ································ 111
Agenda 2000 ····························· 111
Amicus Curiae ·························· 112
Analytical Index ························ 112
Andean Community ··················· 112
Anti-Concentration Clause(ACC) ··· 112
Biogenerics ······························· 112
clawback ·································· 112
contingent measure ···················· 112
Cotton-4 ···································· 113
critical mass ····························· 113
CTD(Committee on Trade and Development) ·· 113
CTE(Committee on Trade and Environment) ·· 113
C-TPAT(Custom-Trade Partnership against Terrorism) ································· 113
EC의 공동농업정책 ··················· 113
EU(European Union) ················· 113
ex-out ······································· 114
First Action ······························ 114
Friends of Ambition ·················· 114

Friends of Sectoral	114
G-10	114
G-20	114
G-33	115
GATS 통신부속서	115
GATT 1947	115
GATT 1994	115
GATT 20조	115
GMP(Good Manufacturing Practice)	115
HLM(High-Level Meeting for LDCs)	115
HOD(Heads of Delegations) 회의	116
ICSID	116
IP 네트워크	116
KGLP(Korea Good Laboratory Practice)	116
Measure-binding, Description-binding	116
MTN Code(Multilateral Trade Negotiations Code)	116
NAMA 11	117
NTBs(Non-Tariff Barriers)	117
NTC Group	117
OECD 경성 카르텔 권고	117
panel	117
Recently-Acceded Members(RAMs)	117
sliding scale	117
Small, Vulnerable Economies(SVEs)	118
SMBD	118
TBR(Trade Barriers Regulation)	118
T-commerce(Television Commerce)	118
Tiered Formula	118
TRQ administration	118
UNCITRAL	118
WTO 분쟁해결절차	119
WTO 분쟁해결절차에 대한 양해	119
WTO 참조문서	119
WTO 통일 원산지 규정 협상	119
WTO Plus 방식	119
WTO의 원회원국	120
zero for x	120

찾아보기 〈영문〉

A

A "goods wholly obtained" test ... 73
A-A/T-T/A-T방식 ... 29
ABS(Access to genetic resources and Benefit Sharing) ... 79
Absorption/takeover principle ... 95
Accumulation ... 26
ACTA(Anti-counterfeiting Trade Agreement) ... 77
Actionable Subsidy, Yellow Subsidy ... 49
Active Moiety ... 110
ad valorem duty ... 93
AD(Anti-Dumping) advisory committee ... 39
Adjustment Tariff ... 92
Advance Ruling ... 48
AFTA(ASEAN Free Trade Area) ... 67
Agenda 21(The Agenda for the 21st Century) ... 111
Agreement on Agriculture ... 25
AIA(Advanced Informed Agreement) ... 48
amber box ... 2
AMS(Aggregate Measurement of Support) ... 43
ANSI(American National Standards Institute) ... 36
anti-circumvention ... 39
anti-dumping duties ... 39
Anti-Dumping Duty ... 29
Anti-Dumping ... 39
antitrust laws ... 39
APEC(Asia Pacific Economic Cooperation Forum) ... 68
APHIS(Animal and Plant Health Inspection Services) ... 36
APIS(Advance Passenger Information System) ... 63
Appellate Body ... 49
applied tariff rates ... 66
arbitration ... 95
Article 113 Committee ... 110
Article XX of GATT ... 115
ASEAN(Association of Southeast Asian Nations) ... 30

ASEAN+3(Association of South East Asian Nations+3) ... 67
ASPs(Agreement-Specific Proposals) ... 108
ATC(Agreement on Textiles and Clothing) ... 54
ATC(Agreement on Textiles and Clothing) ... 54
ATS(Automated Targeting System) ... 82
at-the-border barriers ... 15
audiovisual services ... 64
automaticity ... 83
Autonomous Tariff ... 106
AVE(Ad Valorem Equivalent) ... 93
Average Release Time ... 104
award of contracts ... 23

B

B/L(Bill of Lading) ... 53
backloading ... 110
balance of payments measures ... 17
Bangkok Agreement ... 40
Basel Convention ... 38
basic telecommunications services ... 20
behind the border barriers ... 15
Berne Convention for the Protection of Literary and Artistic Works ... 42
Bilateral Air Services Agreements ... 69
Bilateral Safeguards ... 68
bilateralism ... 69
binding overhang ... 69
binding ratio ... 69
bindings ... 14
BIT(Bilateral Investment Treaty) ... 69
Blue Box ... 102
Bolar Provision ... 44
BOP Article(Balance of Payment Article) ... 18
border protection ... 101
BOT(Build-Operate-Transfer) ... 6
bound tariff rates ... 69

box 15	code-conditioned most-favored-nation-treatment
broadband services 13	 108
Broadcasting Right 40	coefficients 6
BSE(Bovine Spongiform Encephalopathy) 57	Collective Mark 28
BTA(Border Tax Adjustment) 15	Collocation 53
Build-down Method 8	commercial presence 49
Build-down Method 96	commitment 68
Built-in Agenda 21	compensation 42
business practices 73	competition policy 4
	Competitive Neutrality 5
	compound tariff 43
	compulsory licensing 2
	Concession Category 70
C	Concession Negotiation 70
C/O(Certificate of Origin) 76	concession 69
C/S(Country Schedule) 16	Conformity Assessment Procedures 87
Cabotage 72	Conformity Assessment 87
cabotages 15	consensus 99
Cairns Group 100	Consolidated Text 101
CAP (Common Agricultural Policy) 113	constructed value 14
capping 50	Consular Transaction 72
carbon footprint scheme 100	consultation 108
Cargo Manifest 86	contracting party 97
Caricom(The Caribbean Community and	COPA(Committee of Professional Agricultural
Common Market) 99	Organization in the EU) 78
Carnet Convention 23	Copyright 86
carry forward 92	Cost-based 74
carry over 80	Council of Ministers 1
carve out 91	counterfeit 32
causality 80	Counter-security 71
CB(Capacity Building) 26	countervailing duty 49
CBD(Convention on Biological Diversity) 51	Creeping Expropriation 89
CCC(Commodity Credit Corporation) 50	Criteria of the determination of origin 75
CCRA(Common Criteria Recognition	cross retaliation 13
Arrangement) 17	Cross-border supply 52
ceiling binding 106	cross-compensation 14
CEPA(Comprehensive Economic Partnership	cross-cutting issue 9
Agreement) 105	CSI(Container Security Initiative) 99
Certification Mark 95	CTG(Council for Trade in Goods) 49
change in tariff heading 56	CTS(Council for Trade in Services) 52
Chicago Convention 64	cumulative assessment 26
Circumvention 74	custom valuation 12
CITES(Convention on International Trade in	Customs Broker 10
Endangered Species) 31	
CMA(Current Market Access) 108	

Customs Cooperation For Textile and Apparel
Goods ·· 54
Customs Free Zones ······································ 11
Customs Territory ·· 11
Customs Union ·· 9
Cut & Sew Criteria ·· 85

D

Data Exclusivity ··· 83
DDA GTF (Doha Development Agenda
Global Trust Fund) ·· 29
DDA(Doha Development Agenda) ················ 29
de facto discrimination ································· 48
de jure discrimination ··································· 41
de minimis dumping margins ······················ 37
de minimis ·· 37
de minimis ·· 98
decoupled income support ··························· 51
deficiency payment ·· 44
definitive anti-dumping duties ···················· 109
denial of benefits ··· 108
DFQF(Duty-free Quota-free) ························ 32
Digital Product ·· 30
dirty tariffication ·· 104
disguised trade barriers ······························· 77
Domestic/International Bidding ···················· 15
DSB(Dispute Settlement Body) ···················· 45
DSU(Understanding on Rules and Procedures
Governing the Settlement of Disputes) ······· 119
Ducts & Conduits ·· 9
dumping ··· 29
Duration ··· 93
Duty Assessment Review/Review ················ 76
duty drawback ·· 13
Duty Exemption ·· 9
Dying Processing Operation Criteria ·········· 72

E

EAC(Environmental Affairs Council) ·········· 109
EAI(Enterprise For ASEAN Initiative) ·········· 67
early harvest ··· 92
eco-labelling ·· 109

EEP(Export Enhancement Program) ············· 61
EEZ(Exclusive Economic Zone) ···················· 41
EFTA(European Free Trade Association) ······· 78
Electronic Authentication ······························· 89
electronic commerce ······································ 89
Electronic Signature ······································· 89
Electronic Trading/Paperless Trading ············ 88
e-mark, eco-mark ··· 109
Enabling Clause ··· 19
ENT(economic needs test) ····························· 5
Equivalence ··· 30
ESCAP (Economic and Social Commission
for Asia and the Pacific) ····························· 68
Essential Facilities ·· 106
excise duty ·· 35
Exclusive License ·· 88
Exhaustion of Right ······································· 19
Export Competition ·· 59
Export Credit Guarantee ······························ 60
Export Credit Programme ···························· 60
Export Credits ··· 60
Export Insurance ·· 59
Export Subsidy ··· 59
export tax/tariff ·· 60
export-performance measure ······················· 59
Ex-works Price ··· 7

F

facilities-based suppliers of public
telecommunications services ························ 20
fair trade ··· 8
Famous Mark/Notorious Mark ······················ 86
Fast Track Authority ····································· 65
FCC(Federal Communication Commission) ···· 36
FDA(Food and Drug Administration) ············ 64
FDI(Foreign Direct Investment) ···················· 73
Fiber Forward ··· 54
First to File(Apply) Rule(System) ················ 53
First to Invent Principle ································ 53
Fixation ·· 6
flexibility ·· 65
Flexible Tariff ·· 100
flooring ·· 106

FOB(Free on Board) ··············· 44
Folklore ··············· 89
food aid ··············· 64
Forbearance ··············· 19
Fork in the road ··············· 101
free-rider ··············· 35
freezing ··············· 83
frontloading ··············· 87

G

G77(Group of 77) ··············· 111
GATS(General Agreement on Trade in Services) ··············· 51
GATT(General Agreement on Tariffs and Trade) ··············· 10
GCC(Gulf Cooperation Council) ··············· 4
General Sales Manager ··············· 37
Generic Drug ··············· 91
GI(Geographical Indication) ··············· 96
Girard formula ··············· 95
Golden Share ··············· 110
GP(Government Procurement) ··············· 90
GPA(Government Procurement Agreement) ··· 90
Grace period, Exception to the lack of patent-ability ··············· 8
grain major ··············· 6
Grandfather Clause ··············· 92
Green Box ··············· 107
green room meetings ··············· 20
grey area measure ··············· 110
GRP(Good Regulatory Practices) ··············· 32
GRULAC(Group of Latin-American and Caribbean Countries) ··············· 24
GSA(General Services Administration) ··············· 36
GSP(Generalized System of Preferences) ······· 82
GSTP(Global System of Trade Preferences) ·· 17

H

Harbor Maintenance Fee ··············· 106
hard core cartel ··············· 4

Harmonization Work Programme ··············· 119
high tariff ··············· 6
historical preferences ··············· 71
HM(Horizontal Mechanism) ··············· 65
horizontal approach ··············· 61
horizontal commitments ··············· 61
horizontal issues ··············· 61
HS(Harmonized Commodity Description and Coding System) ··············· 105

I

ICAO(International Civil Aviation Organization) ··············· 17
IEC(International Electrotechnical Commission) ··············· 18
IF(Integrated Framework) ··············· 3
IFAD(International Fund for Agricultural Development) ··············· 16
ILO Declaration on Fundamental Principles and Right at Work, 1998 ··············· 84
ILO(International Labour Organization) ········· 16
IMD(Incrementally Modified Drug) ··············· 3
import licensing ··············· 58
import quotas ··············· 58
import restrictions ··············· 58
Incentive-based Mechanism ··············· 81
income insurance and income safety-net programs ··············· 56
indirect expropriation ··············· 2
industrial design ··············· 79
Industrial Subsidy ··············· 48
infant-industry provision ··············· 79
Injunctive Relief ··············· 14
injury margin ··············· 48
injury ··············· 105
in-quota rate ··············· 100
INR(Initial Negotiation Right) ··············· 98
insufficient operations/non-qualifying operation ··············· 45
Insurance on Cargo ··············· 87
interconnection ··············· 50

interested parties	80
interested third parties	90
International Convention for the Protection of Performers, Producers of Phonogram and Broadcasting Organization	66
International Plant Protection Convention	18
Internet Protocol Network	116
Intra-Corporate Transferee	21
Inward Processing	70
IPRs(Intellectual Property Rights)	96
ISO 14000	19
ISO 9000	19
ISO(International Organization for Standardization)	18
ISP 혹은 OSP	73
ITA II	90
ITA(Information Technology Agreement)	90
ITC(International Trade Centre)	16
ITC(International Trade Commission)	17

J

JITAP(Joint Integrated Technical Assistance Program)	7
Jones Act(Merchant Marine Act of 1920)	93
July Package	111
juridical person	41

K

Kennedy Round	99

L

Landing Facilities	79
lay-out designs of integrated circuits	97
LDCs(Least-Developed Countries)	97
Leases Circuits	88
lesser duty rule	98
less-than-formula cut	7
less-than-full reciprocity	45
lex posterior	65

lex speciali	102
limited tendering	92
linear tariff reduction	53
Lisbon Agreement	31
LMO(Living Modified Organism)	79
local content requirement	16
Lome Convention	31
LP(Local Presence)	107

M

MA(Market Access)	63
Madrid Agreement	31
MAI(Multilateral Agreement on Investment)	27
mail box	31
major supplier	96
margin of preference	103
Maritime Flag State	20
Mark-up	58
Marrakesh Agreement	31
MAS(Multiple Award Schedule)	27
MEA(Multilateral Environmental Agreements)	27
Measure	93
Merchandise Processing Fee	35
Mercosur	24
MFA(Multi-Fiber Arrangement)	27
MFN Applied Rate	99
MFN exemption	99
MFN(Most-Favoured Nation Treatment)	98
Minimum Standard of Treatment	97
MM(Monitoring Mechanism)	80
MMA(Minimum Market Access)	98
modalities	108
Modalities	70
modes of delivery	52
Montreal Protocol	73
Moral Right	80
MRA(Mutual Recognition Agreement)	50
multifunctionality	27
multilateralism	27
multi-modal	110
Mutual Recognition Arrangement	50

N

NAFTA(North American Free Trade Agreement) ⋯⋯ 44
NAMA(Non-Agricultural Market Access) ⋯⋯ 46
national treatment ⋯⋯ 24
natural persons ⋯⋯ 83
negative list ⋯⋯ 20
negligible imports ⋯⋯ 38
Net Cost Method ⋯⋯ 62
NFIDC(Net Food-Importing Developing Countries) ⋯⋯ 64
NGBT(Negotiating Group on Basic Telecommunications) ⋯⋯ 20
non ad valorem duties ⋯⋯ 47
non-actionable subsidies ⋯⋯ 107
Non-Conforming Measure ⋯⋯ 47
non-cumulation ⋯⋯ 47
non-discrimination ⋯⋯ 35
non-facilities-based suppliers of public telecommunications services ⋯⋯ 42
non-linear formula ⋯⋯ 47
non-preferential rules of origin ⋯⋯ 47
non-tariff barrier ⋯⋯ 46
non-violation case ⋯⋯ 47
notification ⋯⋯ 101
NRTL(Nationally Recognized Testing Laboratory) ⋯⋯ 14
NTC(Non-Trade Concerns) ⋯⋯ 46
NTM(Non-Tariff Measure) ⋯⋯ 46
nuisance tariff ⋯⋯ 57
nullification and impairment ⋯⋯ 35
number portability ⋯⋯ 41

O

OECD Hard Core Cartel Recommendation ⋯⋯ 117
OECD(Organization for Economic Cooperation and Development) ⋯⋯ 5
offsets ⋯⋯ 28
Open Regionalism ⋯⋯ 3
open tendering procedures ⋯⋯ 7
open tendering ⋯⋯ 7

OPIC(Overseas Private Investment Corporation) ⋯⋯ 106
original membership of the WTO ⋯⋯ 120
originating good ⋯⋯ 76
OTDS(Overall Trade-Distorting Domestic Support) ⋯⋯ 34
out-of-quota rate ⋯⋯ 100
Outward Processing ⋯⋯ 72

P

Parallel Imports ⋯⋯ 42
Parallelism ⋯⋯ 104
Paris Club ⋯⋯ 104
Paris Convention for the Protection of Industrial Property ⋯⋯ 104
Partnership Agreement ⋯⋯ 65
Patent Linkage ⋯⋯ 105
patent ⋯⋯ 103
PC(Public Communication) ⋯⋯ 8
PCT(Patent Cooperation Treaty) ⋯⋯ 103
Peace Clause ⋯⋯ 104
PECC(Pacific Economic Cooperation Conference) ⋯⋯ 100
performance requirement ⋯⋯ 80
performer ⋯⋯ 66
Pest(or Disease) Free Area ⋯⋯ 42
PIC(Perior Informed Consent) ⋯⋯ 48
Pick-up Truck ⋯⋯ 106
piracy ⋯⋯ 107
Plurilateral Trade Agreement ⋯⋯ 43
POPs(Persistent Organic Pollutants) ⋯⋯ 84
Portfolio Management Service ⋯⋯ 83
positive comity ⋯⋯ 86
Post Clearance Audit ⋯⋯ 101
PPM(Process and Production Method) ⋯⋯ 91
pre-arrival processing ⋯⋯ 29
preference erosion ⋯⋯ 104
preferences ⋯⋯ 103
preferential rules of origin ⋯⋯ 103
Preferential Tariff ⋯⋯ 103
Preferential Trade Agreements ⋯⋯ 34
Presumptive Validity ⋯⋯ 79
price undertaking ⋯⋯ 1

prima facie	81
priority foreign countries	74
Processing Operation Criterion	1
progressive liberalisation	89
Protocol of Accession	1
Protocol on Biosafety	38
protocols	80
provisional anti-dumping duties	84
provisional countervailing duties	85
Provisional Measure	85
prudential regulation	3
PSE(Producer Subsidy Equivalent)	51
PSI(Preshipment Inspection)	53
Public Telecommunication Network	8

Q

QR(Quantitative Restriction)	57
Quad	108
qualifications of suppliers	7
Quasi-Tax	94
quota auction	57
quota	58

R

R/O(Request & Offer)	63
Ratchet	72
RBP(Restrictive Business Practices)	4
RCEP(Regional Comprehensive Economic Partenership)	71
reciprocity	51
recognition	81
Recordal System	64
Rectification	5
Regional Value contents	71
Related Rights, Neighboring Rights	86
Release prior to Acceptance of Declaration	58
Relief Inaudita Altera Parte, Relief without Hearing the Other Party	82
request	63
Resale	85
Reservations List	78

retaliatory tariff	42
Retransmission Right	85
reverse consensus	72
reverse transfer of technology	70
Right of Performance	7
Right of Reproduction	43
Right of Transmission	88
Rights Management Information	19
Rights of Way	52
RIO(Reference Interconnection Offer)	105
Risk Management	77
RTA(Regional Trade Agreement)	96
Rules of origin	75
RVC(regional value content)	71

S

S&D(special and differential treatment)	3
SACU(Southern African Customs Union)	24
SBS(Simultaneous Buy and Sell)	70
schedule of concessions	70
schedule of specific commitments	14
SDoC(Supplier's Declaration of Conformity)	7
Seasonal Duties	6
SEC(Securities and Exchange Commission)	36
Section 201	37
Section 22 waiver	111
Section 301	37
sectoral approach	45
sectorial tariff elimination	45
security exceptions	68
selectivity	53
Self Regulatory Organization	83
sensitive products	38
serious prejudice	66
SG(Safeguard Measures)	22
SIDS(Small Island Developing Country)	56
simple average tariff rate	28
Simplified Fixed Duty Drawback	2
Singapore Issues	67
Singapore Ministerial Conference	67
Single Substantive Transformation Criteria	28
single undertaking	81

Single Window	28
source code	57
Spaghetti-bowl effect	62
Special 301	63
Special Product	102
special treatment	13
specific duty	94
specificity	102
SPLT(Substantive Patent Law Treaty)	103
SPS(Sanitary and phytosanitary) Measure	77
SSG(Special Safeguards)	102
SSM(Special Safeguard Mechanism)	2
Standstill	107
Statutory Damages	41
STE(State Trading Enterprise)	16
Submarine Patent	84
Subrogation	28
subsidy	43
substantial sectoral coverage	49
substantial transformation test	66
sunset clause	81
Super 301	61
Super Fund	62
Surety Bond	43
swing	88
Swiss Formula	62

T

TA(Technical Assistance)	21
Targeted Dumping	105
Tariff Barriers	11
Tariff binding	10
tariff cap	10
Tariff Concession Modalities	11
tariff escalation	4
tariff harmonization	12
tariff heading	56
tariff line	12
tariff peaks	12
Tariff Quota Underfill Mechanism	38
Tariff Simplification	9
tariffication	12
Tax on Tax	95
Taxation Based on Engine Displacement	40
TBT(Technical Barriers to Trade)	33
TE(Tariff Equivalent)	10
technical specifications	21
Technological Protection Measures	21
Temporary Copies	82
temporary entrance	82
The Common Criteria Evaluation and Validation Scheme	42
Tied-Aid	92
TIFA(Trade and Investment Framework Agreement)	33
TMB(Textile Monitoring Body)	54
TNC(Trade Negotiations Committee)	35
Tokyo Round	30
TOR(Terms of Reference)	77
TPA(Trade Promotion Authority)	101
TPL(Tariff Preference Levels)	12
TPP(Trans-Pacific Partnership)	109
TPRB(Trade Policy Review Body)	34
TPRM(Trade Policy Review Mechanism)	34
trade creation	34
trade diversion	34
trade facilitation	34
trade remedies	33
trade-chilling effect	33
trade-weighted average tariff rate	32
Transaction Value	3
Transition Period	93
transitional product-specific safeguards	9
transitional safeguard mechanism	85
Transshipment Goods	109
Treaties of Friendship, Commerce and Navigation	74
Treaty of Rome	30
trigger level	40
Trigger Price	40
TRIMs(Trade Related Investment Measures)	33
TRIPS(Agreement on Trade-Related Aspects of Intellectual Property Rights)	32
TRQ(Tariff Rate Quotas)	11
TSB(Textile Surveillance Body)	54

U

Unbundling Network Elements ... 31
UNCLOS(United Nations Convention on the Law of the Sea) ... 78
UNCTAD(The UN Conference on Trade and Development) ... 78
unethical business practice ... 47
UNFCCC(United Nations Framework Convention on Climate Change) ... 21
Uniform Regulation ... 101
UPOV(International Union for the Protection of New Varieties of Plants) ... 18
UR Negotiation ... 73
USTR(US Trade Representative) ... 36

V

Value Added Test/Ad Valorem Percentage Criterion ... 44
variable levy ... 1
VER(Voluntary Export Restraints) ... 60
vertical approach ... 59
VRA(Voluntary Restraint Arrangement) ... 83

W

waiver ... 79
Washington Treaty ... 74
WCO(World Customs Organization) ... 55
WCT(WIPO Copy Treaty) ... 86
Well-Known Mark ... 94
WFC(World Food Council) ... 56
WIPO(World Intellectual Property Organization) ... 56
Working Party on Accession ... 1
World Organizaion for Animal Health ... 55
WPPT(WIPO Performances and Phonogram Treaty) ... 65
WTO Procedures Governing Dispute Resolution ... 119
WTO Reference Paper ... 119
WTO SCM(Subsidies and Countervailing Measures) Agreement ... 55
WTO Trade Policy Review ... 55
WTO(World Trade Organization) ... 55

Y

Yarn Forward ... 74

Z

Zanzibar Declaration ... 84
zero for zero, tariff elimination ... 32
zero option ... 91
zeroing ... 91